明治図書

小学校国語科

物語の教材研究大全

1・2年

松本修 監修
佐藤多佳子・上月康弘 編著

はじめに

文学の学習をデザインし、授業をつくっていくという営みにおいて、学習の過程を構造的に構想し、その枠組みの中で学習内容を配置するような試みが増えています。それは、ひとつには、学習の内容をいわゆるコンテンツベースからコンピテンシーベースに転換する学習観が、学習指導要領においても明確化されてきたことからきています。また、もうひとつには、その転換を受けて、評価のあり方が「何ができるようになったか」に焦点化され、評価の対象となる力を構造的に捉えたところから、学習を組み立てようとする傾向が強まったところからきています。淵源には、学習科学の進展があると思われます。

しかし、一方では、学習は教科や教材の特性と不可分なものですし、とりわけ国語科においては、いわゆる教材研究・教材化研究の重要性が長く大切にされてきました。そのことの意味はもう一度見直されなければなりません。

私たちはこれまで、いくつかの本を通して、文学教材を読むときの「問い」をめぐる読みの交流の大切さ、交流による読みの深まりを促す「問い」のあり方、有効な「問い」を創り出すことの大切さを主張し、具体的な教材に即してその「問い」の事例や交流のすがたを提示してきました。私たちの願いは、一人一人の先生方が、愉しく深い文学の読みを教室で実現するために、交流を促す「問い」づくりの力を身に付け、教師の個性と学習者の個性に合った読みの学習を実現していくというところにありました。

この本は、一人一人の先生方に、学習をデザインし、授業をつくっていくうえで、「問い」づくりの基盤にあるべきたしかな「教材分析」「教材研究」の目を身に付けていくための教材研究の観点を提示し、そこからの学習デザインの事例を示すようなものでありたいと構想されました。

学会レベルでも、教材研究をめぐる状況は一種の危機にあります。学習のデザインや学習過程研究を欠いた教材論は意味がないという認識が進んできたことはある意味当然ですが、行き過ぎると「教材論の不在」という状況を生み出しかねません。文学の教材研究は、その危機の中にあります。ここでは、もう一度、文学の教材論、教材研究の再構築を目指したいと思います。

その際に注意しておきたいことがあります。文学や周辺の研究領域、優れた実践研究の蓄積を踏まえて、先行研究の渉猟と読みにかかわる可能性のある細部の精細な読みという手続きは踏まなければなりません。その一方、子どもの素朴な読みの営みの中にも教材研究のための大きなヒントがあることを大切にしたいのです。その研究の枠組みよって読みを制御するのではなく、自由な読みの中から新たな教材研究（論）が生まれてくることに賭けたいのです。

「教材研究の目」を一覧にするような試みは多くなされてきました。ただ、私たちはそうしたリスト化よりも、一つ一つの教材に即した、具体的な検討を大事にしました。教材研究の目として、語り・空所・象徴・人物像・プロットなどが採りあげられていますが、そうした「目」が概念として先行してしまわないように留意したつもりです。読者のみなさんもそのことに意を留めながら、自分ならこの「目」を大事にしたい、この「目」ならこういう教材分析ができるのではないか、という新たな可能性に向かっていただきたいと願っています。愉しい、充実した文学の学習の実現に、ともに向かっていきたいと思っています。

２０２３年７月

松本　修

目次

小学1・2年

物語教材を読み解く
教材研究の目

文学作品を「深く読む」、「深い学び」の前に

文学作品を「深く読む」とはどういうことか。教師自身が文学作品を「深く読む」力を身に付けるためには、どうしたらよいか。本書は、そんな疑問を少しでも明らかにし、先生方が楽しみながら文学の授業をデザインできるようになるための視点を提供することを目的としています。

「主体的・対話的で深い学び」という言葉が、教育現場にもかなり浸透してきたように感じます。学習指導要領において、コンテンツ（内容）からコンピテンシー（資質・能力）への転換に大きく舵が切られたわけですが、「「深い学び」とは何か」について、先生方の関心がより一層高まったように思います。「深い学び」について、奈須（２０１７）や田村（２０１８）は、知識の結び付き、関連付け、構造化といったキーワードで説明しています。ここでは、田村（２０１８）の説明を取り上げます。

「深い学び」とは、子供たちが習得・活用・探究を視野に入れた各教科等固有の学習過程（プロセス）の中で、それまで身に付いていた知識や技能を存分に活用・発揮し、その結果、知識や技能が相互に関連づけられたり組み合わされたりして、構造化したり身体化したりしていくことと考えることができる。

（36頁）

新学習指導要領においては、「知識・技能」が構造化されたり、身体化されたりして高度化し、適正な態度や汎用的な能力となっていつでもどこでも使いこなせるように動いている状態、つまり「駆動」しているような状態となるよう身に付いていくことこそが重要なのである。（37頁）

簡単に言えば、「剥がれ落ちる知識」「使えない知識」ではなく、「剥がれ落ちない知識」「使える知識」となっていることが「深い学び」の現れであるということでしょう。しかし、近年では、この「深い学び」について、「認知的側面の高度化は強調しているが、情意的側面を含んだ、人間の内面の深みを見つめる視点に欠けている」（下田２０１９、９頁）という批判もあり、私自身もそんな問題意識を抱いています。私たちは、認知的側面の育成に着目するあまり、のびのびとした態度で学ぶ姿、作品の美しさや言葉の響きなどに感動する子どもたちを育ててきただろうか、と省察する必要はないでしょうか。特に、小学校に入ったばかりの幼い子どもたちに、「深い学び」の旗印のもと、高度な学習ばかりを求め、煩悶を生じさせてしまっては本末転倒であると考えます。

本書の主張の前提は、低学年は「深く読む」「深く学ぶ」ということよりも、「楽しく読む」「楽しく学ぶ」ことを大切にしたい、ということにあります。もちろん、本書は、「主体的・対話的で深い学び」の具現化を図るために、文学作品の徹底的な教材分析はもとより、作品の勘所に迫るような〈問い〉の案出、学習デザイン、言語活動を精選しています。「深い学び」そのものの意義についても、「深い学び」をデザインしようとすることに異論をはさむつもりはありません。しかし、低学年の子どもが学習に「楽しさ」を見出すかどうかということは、決して見落としてはならない重要なポイントだと考えています。「深い学び」とは、そもそも、子どもの外側の基準によってあれこれ評価し「達成させる」べきものではなく、かけがえのない一人一人の子どもの個性的な学びの過程に求めるべきものだからです。

ヴィゴツキーは、就学前期（三～六歳）において、遊びは、潜在的な欲求や願望実現の表れとして顕在化するものであり、子どもの発達を主導的に促すとしています。遊びは遊びで終わるのではなく、むしろ発達の中核に位置付けられているのです。さらにヴィゴツキーは、この経験が、学童期（一般的には六～十二歳）の子どもの内的過程、内的言語、論理的記憶、抽象的思考に移行する、としています。この指摘に着目すれば、遊びの経験の充実が、いかに子どもの「深い学び」の足場づくりに影響するかがおわかりかと思います。

小学校低学年は、ちょうど本格的な抽象的思考へ移行する橋渡しの時期にあたります。「橋渡し後」の子どもたちの「学びに向かう態度」が前向きで、認知的側面の高度化に耐えうる土壌が耕された状態にするためには、半ば遊び的な要素に包み込まれた中で、楽しみながら徐々に「深い学び」へ誘うような学習デザインとすることが大切であると考えます。低学年の子どもたちの読みの学習において、敢えて「深さ」よりも「楽しさ」を強調したのはそういった理由です。最も、子どもたちに読むことの「楽しさ」を味わわせるためには、教師の教材研究の「深さ」や、マクロな視点とミクロな視点が相互に結束した綿密な単元計画、言語活動のデザインが前提となります。

低学年の子どもと授業をしていると、ふと、大人である教師の想定を超えるような読みに出合うことがあります。こういった読みが、時に作品の本質を突いて驚くことがありますが、これは教師が十分な教材研究の「目」をもって作品と対話しているからこそ出合えるという側面があります。教師が予想外の事象も引き受ける裾野を広くし、子どもの発する言葉や学びの態度に共感しながら、共に楽しい文学の授業をつくっていくという過程そのものを大切にしていきたいものです。

教材研究の「目」…語り

低学年の子どもの発達段階を踏まえ、「楽しい」学びとしたいという教師の構えを前提として共有しましたが、ここからは、具体的に教材研究の「目」の主なものを取り上げて説明していきたいと思います。

本書において、特に頻出する教材研究の「目」の一つに、「語り」があります。「語り」とは平たく言えば

「地の文」です。では、なぜ、「語り」に着目する必要があるのでしょうか。その理由の一つに、「語り」に着目して読むことが、作品を読むスタンスを変えることにつながるということが挙げられます。私たちは文学作品の作品世界に没入し、登場人物に同化して共感したり反発したりしながら、独自の読みの世界を築き上げていきます。このような読みのスタンスを、「参加者的スタンス」と言います。一方、「参加者的スタンス」で築き上げた作品世界を足場としつつ、作品を対象化して、作者ないし語り手の意図を探ろうとする読みのスタンスを「見物人的スタンス」と言います（山元２００５）。「見物人的スタンス」はその名の通り、作品に対するメタ的なかかわりです。低学年の発達段階を考えた時に、「見物人的スタンス」で読ませることは難しく、推奨すべきでないという反論もありそうですが、必ずしもそういうわけではありません。前述したような「見物人的スタンス」は確かに中学年後半から高学年向けの読みの反応ですが、低学年なりの「見物人的スタンス」もあります。例えば、登場人物を対象化して、「やさしい人物」などと評価するような反応がそれにあたります。「見物人的スタンス」の基準には、ある程度幅があります。低学年においては、語りに着目させつつ、音読劇や紙芝居などの言語活動を設定すると、スタンスの移行が比較的スムーズに行われやすくなります。なぜなら、このような言語活動は、語り手の声で表現するのか、登場人物の声で表現するのかが、子どもにとって具体的で直接的な問題となるからです。「きつねのおきゃくさま」という作品を例に挙げましょう。この作品では、「ひよこ（あひる・うさぎ）は、まるまる太ってきたぜ。」という特徴的な語りが繰り返されます。この語りは、きつねの声のようにも聞こえ、語り手の声にも聞こえます。音読劇という言語活動が設定されると、「きつねの声で読めばよいか、あるいは語り手の声で読めばよいか」といった〈問い〉が必然的に立ち上がってきます。その際、この部分だけではなく、他の語りのテクストを参照したり関連付けたりして、読みの一貫性を保持しなければなりません。このように、低学年では言語活動の設定という補助的な後押しによって、

〈問い〉の交流を活性化し、「参加者的スタンス」から「見物人的スタンス」の読みに移行させることが効果的です。

また、このような〈問い〉が成り立つのは、語りそのものに、登場人物と語り手の「混じり合い」（融溶）が発生しているからです。このことを説明するために、一人称の語り、三人称の語りについてふれましょう。

・にいさんやいもうとも、エルフのことが大すきだった。でも、エルフは、ぼくの犬だったんだ。

（一人称）

（「ずうっと、ずっと、大すきだよ」『こくご二下 ともだち』光村図書、令和二年度版、107頁）

・がまくんは、げんかんの前にすわっていました。（三人称）

（「お手紙」『こくご二下 赤とんぼ』光村図書、令和二年度版、12頁）

一人称の語りは、「ぼく」が見たことや考えたことが中心となって語られます。ですから、「ぼく」と語り手は（一応）一致しています。一方、三人称の語りは、登場人物とは別の第三者としての「語り手」が語っていきます。三人称の語りでは、語り手は登場人物の内部に入ったり、離れたりします。例えば、次の語りに着目してみます。

・ふたりとも、かなしい気分で、げんかんの前にこしを下ろしていました。

・かえるくんは、大いそぎで家へ帰りました。…（中略）…紙に何か書きました。

（「お手紙」同前、14—15頁）

初めの語りは、がまくんとかえるくんが、「かなしい気分」で玄関の前に座っているという場面の語りです。語り手は、二人の「かなしい気分」を知ることができています。もし、距離をとっているなら、「かなしそうな顔で」などと語るか、感情を語らず、事実だけを語ることになります。よってここでは、語り手はかえるくんやがまくんの内部と混じり合っているということが言えます。しかし、二つ目の語りは、「紙に何か書きました」となっています。先ほどは、かえるくんの内部を知ることができていたにもかかわらず、ここでは、かえるくんの書いたものを知ることができません。ここでの語り手は、かえるくんの内部と混じり合っていないと言うことができます。

三人称の語りの文学テクストの多くは、特定の人物に寄り添ったり離れたりしています。そして、重要なのは、このような語り手の動きには意図があり、戦略があるということなのです。語りに着目して作品をよく読んでいくと、「今まである人物に寄り添って語っていたのに、この部分から違う人物に寄り添って語っている」「これまで登場人物の気持ちが語られていたのに、この部分だけ語られていない」というようなことに出合います。低学年のうちから語りに着目させることは、作者ないし語り手の意図や戦略から、作品全体を意味付けるという、中学年以降の読み方を育むために重要な足場になります。

教材研究の「目」…空所

二番目に頻出する「目」は「空所」です。「空所」とは、W・イーザーによって提出された概念です。やや難解なので、言葉をかみ砕いて次に要約します。

・空所はテクストと読者の相互作用を推進する。

・空所は読者の想像活動を引き起こすが、その際の想像活動は、テクストの条件に従うよう求められる。
・空所を埋める際に読者が生成する一貫した意味を、テクストには否定する要素がある。この否定によって、読者はテクストに対して一定の位置をとることになる。（291―292頁）

「空所」は、読者の注意を引きつけます。よく、初発の感想を書かせると、「登場人物は、どうしてこんな行動をしたのだろう」という〈問い〉が子どもから出てくることがありますが、これは多くの場合、テクストの「空所」の機能によって活性化された反応であるということが言えます。また、読者は想像力をもって「空所」を埋めようとしますが、その際、テクストから逸脱しない形とするために、他のテクストを参照し関連付けながら読みを生成していきます。この「テクストから逸脱しない形で」というところが「否定」の機能です。テクストの「空所」を埋める際は、テクスト表現と矛盾なく一貫性が保たれるように説明する必要がありますが、この一貫性を「否定」する要素がある場合は、読者は読みを修正しなければなりません。テクストの「空所」は、読者の主体的な読みの活動を推進し、さらにテクストとの相互作用（自己内対話）を促す機能があります。さらに、この「否定」の機能に加え、イーザーは、「読者の慣習」に影響する二つ目の機能があるとしています。この第二の「否定」は、「読者のものの見方に向かう「否定」」（山元２００５、197頁）であり、とりわけ新たな自己形成にかかわる重要な機能として指摘されています。

「空所」は、前述したような作者ないし語り手の意図や戦略とかかわる部分があります。つまり、「敢えて語られていない」という場合があるということです。よって、「空所」について考えることは、子どもの読みのスタンスを変えることにつながる可能性があります。その事例として、桃原（２０１０）は、テクストの「空所」にかかわった交流によって、子どもの「要点駆動の読み」を引き起こさせたことを報告しています。「要点駆動の読み」は聞き慣れない言葉かもしれませんが、読者の読みの様式のうちの一つとされています。読者の読みの様式は、山元（２００５）によって主に三つ、次のように紹介されています。

・**情報駆動（information-driven）**：テクストの情報を読み取ろうとするもの。
・**物語内容駆動（story-driven）**：テクストの物語内容（ストーリー）に焦点を当てたもの。
・**要点駆動（point-driven）**：テクストの書き手の存在を意識して、見えざる書き手との対話を進めながら読むもの。対話的（dialogic）読みとも呼ばれる。（586頁）

山元は特に、「見物人的スタンス」に立つことができるようになることと、「要点駆動の読み」ができるようになることは、共起することであるように思われるとしつつ、「要点駆動の読み」を重要視しています。ただ、ここで主張したいことは、このような読みを低学年に求めるということではなく、あくまでも中学年以降の足場となることを意識したいということです。低学年では「空所」を見つけ、想像することを楽しんだり、想像の根拠となるテクストを矛盾のない形で指摘できたりすれば十分だと考えます。

「深い学び」をアフォードする言語活動

「語り」と「空所」の主な二つの教材研究の「目」についてふれてきました。他にも重要視すべき「目」はたくさんありますが、そもそも「目」は具体的なテクスト特性と連動しているため、後は各編に譲りたいと思います。

さて、最後は言語活動の考え方についてです。言語活動をスキーにたとえてみましょう。スキーが苦手だと言っていた子も、能力に応じたゲレンデコースを滑る時間と場を設定されれば、その日の終わりにはかなり上達するでしょう。こうした「場」、環境をアフォーダンスと呼びます。言語活動も一つのアフォーダンスです。抽象的な思考、複雑な論理的思考力が未成熟な低学年の子どもたちに対して、話を聞く体制を整え、様々な指示や指導をしながら読みの力を育てていくのはなかなか骨の折れることですが、言語活動という場を設定することで、比較的認知的負荷の少ない、自然な状態で読みの力を育むことができると考えます。

例えば、「紙芝居をつくってお家の人に読み聞かせよう」という言語活動を設定することで、子どもは「絵が何枚必要か」「どの部分で絵を切り替えるか」という思考を働かせていきます。前述した音読劇の言語活動によって、スタンスを移行させる事例もそれに当てはまります。このような考え方は単元のゴールとしての言語活動だけではなく、一時間単位の授業における読みの交流の環境や場、メンバー構成などの言語空間の設定にも応用できます。一方、言語活動を設定しさえすれば子どもの学びが実現されるのであとは手放しでよい、という考え方は推奨できません。設定した「状況」で子どもたちの読みの力がどのように発揮され育まれているのかについて、教師は常にモニタリングし、時にはフィードバックしていくことが必要です。言語活動がもつ機能に鋭く着目しつつ、「楽しい」学習となるよう、学びを組織化することが極めて重要です。

小学1年

物語の教材研究
&授業づくり

教材研究の目

物語内容

1

教材文：『こくご一下　ともだち』光村図書（令和二年度版）より引用

①子どもの想像力に寄り添う

作者の中川李枝子（2015）は、「何としてでも一年生にいやがられない、苦痛を与えない、学校ぎらいにさせない『楽しい話』を書かなくてはならない」（39—40頁）という思いで、「くじらぐも」という作品を生み出しました。そのために心を砕いたのが、「子どもの性別や能力にかかわらず、どんな子も引きつけられるようにする」ということです。誰しも、子どもの時に「青い空に浮かぶ雲に乗って、空を飛びたいなあ」と空想を広げたことがあるでしょう。「くじらぐも」は、そんな小さな子どもの願いを叶えてくれる教材です。作者の思いが見事に結実した、魅力的な物語となっています。

さて、「くじらぐも」は、小学校一年生の四時間目、校庭で体操をしていた一年二組の子どもたちが、空に現れた大きな雲のくじらに乗り、海、村、町の方へと進み、みんなで歌を歌い、お昼頃に校庭に戻ってくるという話です。小学校の四時間目に一年生が校庭で体操をしている様子は、子どもたちの学校生活において実際にありそうな情景です。よく子どもたちは、雲の形を見て、豊かに想像を膨らませることを楽しみます。学校生活、雲といった題材は、子どもたちにとっても身近で、難なく作品世界に没入することができるでしょう。

また、物語の展開は、体育の時間という現実世界→空を旅するという非現実世界→もとの世界に戻る現実世界といった、いわゆるファンタジー作品のジャンルに入ります。一般的に、ファンタジー作品の場合は、現実と非現実の境目がはっきりしていることが多いのですが、本作品は、その境界がはっきりしていない印象があります。地上にいるところを「現実」、空に移動したところを「非現実」とする見方もできますが、物語の冒頭から最後までくじらぐもが現れたり、動いたりしています。したがって、現実の世界と非現実が作品全体を通して入り混じっており、全て「非現実」のファンタジー作品と解釈することも可能です。このことから、本作品をファンタジーと扱ったり、用語を教えたりするというよりは、むしろそのまま作品をまるごと楽しみ、想像で遊ぶような学習デザインの考え方を大切にするとよいと考えます。

②声に出す楽しみ

また、「くじらぐも」の魅力は、そうした内容だけでなく、声に出して読む心地よさをもつ点にもあります。子ども向けの物語では、行為の主体や時制を説明する書き方が多く見られます。しかし、「くじらぐも」には、それを省略している箇所が多く見られます。例えば、次の箇所です。

「一、二、三、四。」
くじらも、たいそうをはじめました。

このように、誰が言葉を発しているのかが書かれていないことで、テンポよく話が展開していき、会話や地の文が小気味よくはずんで聞こえます。登場人物である一年生の子どもたちと、雲のくじらの間には、「おうい。」と呼びかけると、「おうい。」と答えたり、「ここへおいでよう。」と誘うと、「ここへおいでよう。」と誘い返したりするような、掛け合いの会話文も見られます。同じ言葉が繰り返されることによるリズムのよさも感じられます。このようなテンポのよさとリズムは、子どもたちを楽しい音読の活動へと誘います。

ここまで述べたような様々な魅力をもつ「くじらぐも」を扱うにあたっては、子どもたちが物語の内容や、声に出して読む楽しさを存分に味わえるような授業をつくっていきたいものです。

教材研究の目 2 話者の省略

①話者を考える

「教材研究の目1」でもふれたように、「くじらぐも」には、行為の主体や時制が省略されている箇所が多くあります。物語の中で、会話文は十八回出てきますが、その大半において、話者が示されていません。それでも物語を淀みなく読み進めることができるのは、前後の文脈から話者を類推できるからですが、中には、誰が言っているのか、意見が分かれそうなものもあります（括弧内は、想定される話者を稿者が加筆したもの）。

(1)「あのくじらは、きっとがっこうがすきなんだね。」（「先生」、「子ども（個人）」）
(2)「おうい。」（「子どもたち」、「先生＋子どもたち」）
(3)「よしきた。くものくじらにとびのろう。」（「先生」、「子ども（個人）」、「子どもたち」、「先生＋子どもたち」）

物語に出てくる順で番号を付けましたが、(2)から考えてみたいと思います。(2)の会話文の前には、「みんなは、大きなこえで、」とあります。「みんな」とありますので、そのテクストを参照すれば、話者にあたるのは複数人であることがわかります。ここでもう一つ留意しておきたいのは、「みんな」は子どもたちのみか、先生も含めるかという点です。「みんな」という言葉は、子どもたちに向けて多く使われる言葉だと捉えれば、子どもたちのみとなるでしょうし、この物語では先生も子どもたちと一緒になって雲のくじらに呼びかけたり空の旅を楽しんだりしているのだと捉えるのであれば、先生も含めることも可能です。(1)については、先生と子ども、どちらを話者としても成り立ちますが、思いついたことをつぶやくような内容であることから、個人が言っている会話文であると考えられます。(3)については、思いついたことを声に出している内容であることから、先生あるいは子どももいずれかの個人を話者にすることもできるでしょうし、その場にいる多くが揃って「雲のくじらに乗りたい」という思いを強くもったのだと捉えれば、複数人が言ったのだとすることも可能でしょう。

②学習活動として

(1)〜(3)は、話者が省略されていることにより、誰が言った内容なのか（話者）、何人で言ったのか（話者の人数）について、読み手である子どもたちは、自分の経験や前後のテクストを参照しながら、各々の解釈をするでしょう。そして、そのようにして生まれた多様な考えを基に、対話的に交流をすることで、読みを深めることにつながっていくと考えます。

話者の明示の省略について、実際の授業場面で扱うにあたっては、**「これは、誰が言ったのだろう」「何人で言ったのだろう」「どのくらいの声の大きさで読むとよいのだろう」**といったことを話題として、それらについて話し合う学習活動が想定できます。また、そういった学習活動を通して、場面の様子について想像を働かせて読む姿が生まれてくると考えます。そのように物語を読む姿は、音読劇をすることを単元のゴールに設定し、音読の工夫（役割読み、声量の大小など）を考えながら読むような単元の設計をすることでも促されます。なぜなら、役割分担をする際に、誰のセリフなのかを考える必要があるからです。このことを考えるためには、近傍のテクストを参照したり、仲間と意見を交流したりする必要が生まれ、これは同時に読みの力を育むことにつながります。

教材研究の目

反復表現 3

①反復表現の意味

「くじらぐも」には、様々な箇所で反復表現が使われています。物語を読んだ時に、まず気付くのは、「おうい。」や「ここへおいでよう。」といった、一年生の子どもたちと雲のくじらとの掛け合いの部分でしょう。子どもたちの言葉を真似する様子の描写は、雲のくじらをユーモラスな存在として読者に印象付けるという意味で、効果的に働いています。

さらに読み進めていくと、別の反復表現が登場します。それは、「天までとどけ、一、二、三。」「もっとたかく。もっとたかく。」といったフレーズです。佐々木ら（2019）はこの部分について、「これもまた、自然と子どもたちが声を大きくし、力を込めて読んでしまうフレーズ。こういったお話の中に出てくる一つひとつの言葉やフレーズが、一年生の子どもたちが自然と場面にふさわしい読み方（表現）ができるようにし、想像を膨らませることができるようにしてくれている」（100頁）と述べています。指摘にあるように、この部分のフレーズには、音読表現の工夫やテクストに基づいた読みの深まりをもたらす価値があると言えます。

「天までとどけ、一、二、三。」という、一年生の子どもたちのかけ声に着目して考えてみます。このフレーズは、本文中において、三回繰り返されますが、それぞれに次のような文が加えられています。

〈一回目〉でも、とんだのは、やっと三十センチぐらいです。
〈二回目〉こんどは、五十センチぐらいとべました。

〈三回目〉そのときです。
いきなり、かぜが、みんなを空へふきとばしました。

三回にわたり反復される「天までとどけ、一、二、三。」というフレーズは同じですが、それぞれで試みられたジャンプの結果は違うものとなっています。そういった点に着眼した子どもたちは、「だんだんかけ声が大きくなったのではないか」「みんなの気持ちが揃ってきたのではないか」など、テクストを基に読みをつくっていくでしょう。そして、そういった読みを交流することを通して、音読を工夫する姿や自分の読みを更新する姿が生まれることが想定できます。このかけ声「天までとどけ、一、二、三。」を取り上げた先行実践は数多くあるところですが、改めて、どのように読むとよいのか、ぜひとも問いたいところです。

②空想の世界へ

阿毛久芳（２００１）は、「空に雲のくじらが表れたときには、すでに現実は、すっと空想の色合いに染まっている」（94頁）としたうえで、三回目のかけ声の後に子どもたちを空へと吹き飛ばした風は、宮沢賢治の『風の又三郎』における風の描写がもたらした、表現上の効果を想起させるものであり、「現実から空想へと誘う「ほんのちょっとしたきっかけ」になり得ている」（同前）としています。つまり、風という「ほんのちょっとしたきっかけ」によって、登場人物である一年生の子どもたちは、一気に空の上の空想の世界へと運ばれたと見ることができます。空想の世界では、登場人物が、あるいは読み手が現実から解き放たれ、物語の世界に没入しながら、想像を働かせることができます。雲のくじらの登場や風は、そのための仕掛けであると言えるでしょう。なお、「くじらぐも」には、読み手の想像を促す要因・箇所が他にもあります。次頁では、その点にかかわって、さらに分析を進めていきたいと思います。

教材研究の目 4 空所

①創造活動を楽しむ空所

「くじらぐも」の〈空所〉には、主に次のようなものがあります。

・「うみ」「むら」「まち」を巡り、子どもたちは何をしたり話したりしたのか。
・「空は、どこまでもどこまでもつづきます。」から、先生がお昼の時間に気付くまで、どんなことがあったのか。

校庭での体操の場面から雲のくじらに乗る場面の前まで、子どもたち主体の行動や会話が詳しく書かれていますが、雲のくじらに乗って空の中を進む場面では、「みんなは、うたをうたいました。」の一文しか書かれていません。子どもたちの空の旅は、どのようなものだったのでしょうか。雲のくじらに乗るところまでは、とても詳しく描かれているのですから、空を旅する場面の子どもたちの様子がもっと描かれてもよいはずです。

一つ目の〈空所〉によって、様々な場所を巡る空の旅をする中で、子どもたちは「どんなことを話したのだろう」「どんなことを感じたのだろう」と想像を掻き立てられます。この〈空所〉を埋める読みは、一般的な〈空所〉を埋める読み、すなわち他のテクストとの結合や作品全体を通した読みの一貫性を生成する、いわば読みの力を伸ばすことに機能する〈空所〉ではなく、あくまでも想像活動を楽しむ学習活動となります。他のテクストとのつながりをそれ程配慮することなく自由に想像したり、自分自身を作品世界に投入して「自分だったら空でどんな旅がしたいか」という願いを基に想像で遊んだりすることも重要です。一見、国語科の学習から逸脱しているような読みも許容できるほど、この「空の旅」のテクスト空間は広いのです。

二つ目の〈空所〉は先生についてです。先生は、「おや、もうおひるだ。」と、「うでどけいをみて、おどろ」きます。なぜ、先生は驚いたのでしょう。先生の心もまるで子どものようになって、空の旅を楽しんだということなのでしょうか。それとも、空へ行ったことによって、特別な世界に移動したために、時間の流れ方が変わったのでしょうか。幼い子どもたちが遊びに夢中で時間の感覚がなくなるということはよくあることですが、子どもたちの学校生活を管理する立場にある大人の教師が、いつもの時間の感覚とずれを感じるということは、とても興味深いところです。このように、先生の「驚き」に着目すると、作品全体を⑴先生も子どもと一緒になれるほど、楽しんだお話、⑵時間の流れが変わる不思議なファンタジーといった意味付けが可能になります。ただ、前述のような読みのアイデアは、作品全体を結束させる高度な読みです。小学一年生に高望みをしないよう、発達段階を踏まえた学習のデザイン、ねらいを設定するとよいと考えます。

②自由な読みへ

先行実践には、挿絵に吹き出しを足して会話文や心情を書くようにするなど、数多くの実践例があります。近年では、大月ちとせ（２０１９）による、あえて挿絵の提示を行わず、本文のみを提示して、子どもたちが自由に挿絵を描く中で、登場人物の子どもたちの行動や会話について、想像を膨らませる読み方といったものも提示されています。また、オリジナルの「くじらぐも」の創作を学習活動に位置付けることで、子どもたちが物語の世界への想像力を膨らませながら読んだり書いたりすることも可能でしょう。いずれにしても、一年生が「くじらぐも」を読むにあたっては、子どもたちが楽しく想像を働かせながら、自分の読みをつくる時間にしたいものです。

教材研究を活かした単元計画と発問・交流プラン

1

くじらぐもの音読劇をしよう

POINT

場面の様子が伝わるような音読を目指す

「くじらぐも」は、話者が省略された会話文の多さ、登場人物同士の掛け合いの会話文の多さ、繰り返しの会話文があるといった特徴があります。よって、**会話文の話者を近傍のテクストから類推したり、場面の様子が伝わるような音読をしたりする**という活動を軸に据えることで、教材としての特徴を活かした授業をつくることができます。そこで、本プランでは、子どもたちが音読劇をつくっていく単元を構想します。

一次では、一年生での学習が初出となる鍵括弧の役割を教えるとともに、実際に声を出して音読をしてみることで、音読劇をするという単元のゴールを共有するようにします。

二次では、音読劇をするという目的をもった子どもたちが、会話文の話者を考え、役割読みをしながら音読に取り組んだり、繰り返し出てくる会話文の読み方を考えたりするなど、場面の様子が伝わるような音読の工夫を見出していくようにします。授業者は、子どもの読みを大切にしつつ、**「テクストに基づいて読みをつくること」と「場面の様子が伝わる音読の工夫をすること」の連関**を図った学習過程にすることが重要です。

三次では、前時までに子どもたちが見出した音読の工夫（役割読み、声量など）を活かせるよう、話し合いや練習の時間をとり、発表に臨むようにします。発表では、よいところを見つけることを促し、工夫した音読を披露するとともに、聞くことを通して場面の様子を想像し、互いの音読の工夫を認めることを大切にします。

単元計画

次	時	●主な発問〈問い〉　・学習活動	・留意点
一	1	・教師の範読を聞き，物語について感想をもつ。 **●「くじらぐも」を読んで，面白かったことや疑問に思ったことを発表しましょう。**交流	・教師の読みが子どもの読みを誘導することのないよう，平らかな調子で範読する。 ・会話文にかかわる感想は，特に取り上げ，会話文への印象を残しておく。
	2	・会話文を表す鍵括弧の役割について理解する。 **●「くじらぐも」を音読しましょう。** ・音読劇をする見通しをもつ。	・鍵括弧の役割と併せ，表記の仕方も教える。 ・音読は次時以降も行い，音読に慣れるようにする。
二	3	**●「くじらぐも」にある会話文は，それぞれ誰が言ったのでしょうか。** ・鍵括弧の箇所を見つけ，それぞれ話者が誰なのか考える。	・想定される話者（先生，子どもなど）を確認したうえで，会話文の話者を予想して書き込むようにする。
	4	**●会話文を言ったのは誰なのか，みんなで話し合って考えましょう。**交流 ・話者を分担し，役割読みをする。	・意見が分かれたものについて話し合い，話者を分けて音読してみるようにする。
	5	**●繰り返し出てくる会話文は，どのように読みますか。**交流	・会話文の話者，人数，声量などを取り上げ，音読を工夫することを促す。
三	6・7	**●場面の様子が伝わる音読劇になるように，発表の練習をしましょう。**交流 ・地の文，会話文などについて，音読する役割を決める。 ・グループで相談しながら，音読劇で使う「音読の技」を書き込む。 ・役割読みや声の大きさなど，音読の工夫をしながら音読発表の練習をする。	・役割読みや声の大きさなど，見つけた音読の工夫（「音読の技」）を使って練習するようにする。 ・グループで相談しながら，使う「音読の技」を書き込む時間を確保し，「音読の技」を活かした音読ができるようにする。
	8	・音読劇の発表会をする。 **●友達の音読劇発表を聞いて，よかったと思うところを発表しましょう。**交流	・音読の工夫を想起させておくとともに，友達の音読のよいところを見つけながら聞く意識がもてるようにする。

本時の展開例（第5時）

本時の目標　場面の様子が伝わる音読の工夫を見出し、それを活かして音読しようとする

T1では、「くじらぐも」に出てくる会話文のうち、繰り返しのあるものを確認し、**「繰り返しの会話文」を焦点化**します。その際は、教師が子どもの気付きを踏まえながら、繰り返しが「二回のもの」と「三回のもの」に整理していき、会話文の繰り返しが「二回のもの」の話者は「みんな」と「くじら」、「三回のもの」の話者が「みんな」のみであったことを、前時の学習を踏まえながら確認します。

T2では、まず、繰り返しが「二回のもの」の音読をするようにします。子どもたちは、前時の学習を活かし、会話文の話者である「みんな」と「くじら」の違いがわかるよう、**役割読み**を試みるでしょう。中には、**読む速さ、声の高低などの工夫**をして、「みんな」と「くじら」の違いを出すことを思いつく子もいるかもしれません。そういった発見は、**「音読の技」**のように名付けをし、別の場面でも引き出されやすいようにします。

T3では、繰り返しが「三回のもの」について、音読の工夫を考えます。この場合は、「二回のもの」とは異なり、三回とも話者が「みんな」のみです。したがって、役割読みの工夫だけでなく、**場面の様子が伝わるような、さらなる工夫を考える**ことを促し、**テクストに着目しながら、それを音読の工夫につなげる**ようにします。ジャンプの高さやくじらの応援などの叙述があることから、「声をだんだん大きくする」「気持ちと声をぴったり合わせて読む」など、子どもたちは新たな「音読の技」を見出すでしょう。

T4では、テクストに着目して「音読の技」を見つけたことを認め、音読劇への意欲をさらに高めます。

本時の流れ

	●主な発問〈問い〉　・学習活動	・留意点
T1	**●このお話にある会話文の中で繰り返し出てくるものは何で，それは何回ですか。** C：「おうい。」（二回） C：「ここへおいでよう。」（二回） C：「天までとどけ，一，二，三。」（三回） C：「さようなら。」（二回）	・繰り返しの会話文を二回のもの，三回のものに分けながら板書して整理する。 ・繰り返しの会話文について，「二回のもの」の話者は，「みんな」と「くじら」，「三回のもの」の話者は「みんな」のみであることを確認する。
T2	**●繰り返し出てくる会話文（二回のもの）は，どのように読みますか。** C：「みんな」と「くじら」の違いがわかるように，役割を決めて読む。 C：「くじら」は，ゆっくりと低い声で読むと，雰囲気が出ると思う。 ・見つけた「音読の技」を使って音読をしてみる。	・子どもの意見を活かしながら，役割読み・読む速さ・声の高低などを「音読の技」として明確化していく。 ・子どもたちが見つけた技を使った音読を試すことを通して，場面の雰囲気が出てくることを確かめるようにする。
T3	**●繰り返し出てくる会話文（三回のもの）は，どのように読みますか。** C：「みんな」の会話文だから，元気に大きく読むといいと思う。 C：ジャンプがだんだん高くなっているから，それに合うように，だんだん大きな声で読むといいと思う。 C：「みんな」の気持ちがだんだん揃ってきたと思うから，気持ちも声もぴったり揃えて読むといいと思う。	・話者が同じ（役割が変わらない）会話文なので，どんな音読をすればよいか，子どもたちに工夫を考えることを促す。 ・子どもの意見を活かしながら「天までとどけ，一，二，三。」の近傍にある，ジャンプの高さや，くじらの応援の叙述などを取り上げ，場面の様子が伝わる音読にしていく。
T4	**●次の時間から「音読の技」を使いながら音読劇の練習をしていきましょう。** C：だんだん大きな声で読む技を使って音読を頑張りたいな。 C：今日，見つけた音読の技をたくさん使って音読劇をしたいな。	・本時で子どもたちが見つけた「音読の技」を確認し，グループで場面の様子が伝わる音読劇をつくっていく意欲をさらに高める。

教材研究を活かした単元計画と発問・交流プラン 2

オリジナル「くじらぐも」を書こう

POINT

〈空所〉から想像を働かせて挿入話を書く

「くじらぐも」には**〈空所〉**があります。本プランでは、その〈空所〉を活かし、物語の世界について想像を働かせ、オリジナルの「くじらぐも」を書く活動を提案します。

一次では、「一年二組」の子どもたちがしたことを想起させ、教師が板書で整理していくことで、物語の展開を確認します。そのうえで、「うみ」「むら」「まち」については、「一年二組」の子どもたちの会話文がなく、どんなことを話したり感じたりしていたのかがわからないことに気付くようにします。そして、それらの部分についての挿入話を書き、オリジナルの「くじらぐも」としていくという単元のゴールを共有します。

二次では、**「お話には書いていないけれど、海（村・町）の上では、何を話したのでしょう」**と問いかけ、想像を働かせながら、海・村・町について、挿入話を書いていくようにします。また、重ねて、**「「空は、どこまでもどこまでもつづきます。」の後は、どこに行って、何を話したのでしょう」**と問いかけます。ここは、場所の指定がない分、子どもの想像の自由度が上がります。海・村・町について挿入話を書いた学習経験を活かすとともに、自分を物語の登場人物に重ねながら、想像を働かせて書く姿を期待します。

三次では、子どもたちが書いたオリジナル物語を読み合うようにします。子どもたち同士や教師が、書いた物語の感想を伝え、想像を働かせて読んだり、挿入話が書けたりしたことを大いに認めるようにします。

単元計画

次	時	●主な発問〈問い〉　・学習活動	・留意点
一	1	・教師の範読を聞き，物語を楽しんだり興味をもったりする。 ●**「一年二組」の子どもたちは，どんなことをしたり話したりしましたか。** 交流	・子どもが気付いたことについて，物語の時系列に沿うように板書していきながら，物語の展開を視覚的に捉えられるようにする。
	2	●**お話には書いてありませんが，海・村・町の上では何を話したのでしょう。** 交流 ・想像したことを基にオリジナル「くじらぐも」を書く見通しをもつ。 ・子どもと相談しながら学習計画を立てる。	・前時で確認した物語の流れを想起するようにしながら〈空所〉への着目を促し，想像を働かせてオリジナル「くじらぐも」を書く意欲が湧くようにする。
二	3	・会話文を表す鍵括弧の役割について理解する。 ●**鍵括弧を使って文を書きましょう。**	・物語を書くうえで鍵括弧を使う必要感を喚起し，文づくりに慣れるようにする。
	4	●**海の上では何を話したのでしょう。** 交流 ●**海の上でのことについて，お話を書きましょう。**	・挿絵に会話を吹き出しで書けるようにしたり，文型を示したりしながら，書く活動に取り組みやすくする。
	5・6	●**村（町）の上では何を話したのでしょう。** 交流 ●**村（町）の上でのことについて，お話を書きましょう。**	・前時と同様に，村や町についても，話したり感じたりした内容を想像して，挿入話を書くようにする。
	7	●**「空は，どこまでもどこまでもつづきます。」の後は，どこに行って，何を話したのでしょう。** 交流 ●**「空は～つづきます。」の後のことについて，お話を書きましょう。**	・行った場所，話したり感じたりしたことを想像し，前時までの学習を活かしながら，挿入話を書くようにする。
三	8	●**オリジナル「くじらぐも」を読み合いましょう。** ●**友達の物語を読んで，面白かったことを伝え合いましょう。** 交流	・書いたものを交換して，じっくり読むようにする。 ・自分なりの「くじらぐも」が書けたことを認める。

本時の展開例（第4時）

本時の目標　〈空所〉から想像を働かせ、海の部分についての挿入話を書く

T1では、「一年二組」の子どもたちが、どこで、どんなことを話したか想起させ、**雲のくじらに乗って空を旅する場面については、子どもたちの会話文がないことを確認**します。

T2では、**「お話には書いてありませんが、海の上では何を話したのでしょう」**と問いかけます。子どもたちは、「船が見えるよ」など、見える情景を想像するでしょう。ここでは、挿入話を書くことにつながるよう、大いに想像を膨らませるようにしておきたいところです。そのために、学級の実態に応じて、**海の写真を提示したり、見える情景（視覚）だけでなく、他の五感（聴覚、触覚、嗅覚など）から想像することを促したりする**ことで、より想像が膨らむでしょう。また、挿絵を印刷したワークシートを用意し、そこに吹き出しを書き足すようにすることで、自分が想像したことを文字で表現することにつなげていきます。

T3では、海の上でのことについて想像したことを共有し、挿入話を書きます。その際、「〇〇の上で、みんなはいろいろなはなしをしました。」＋「　　」（外言や内言を入れる）などの文型を示し、書き方の面でつまずいて書くことの苦手意識をもったりせず、楽しく挿入話を書くことができるようにします。

T4では、次時の学習内容を確認し、子どもが見通しをもったり、次の挿入話づくりの活動への意欲を高めたりするようにします。「むら」について、思い浮かぶことを話す時間をとることで、そういった意欲を、さらに高めることもできるでしょう。

本時の流れ

	●主な発問〈問い〉　・学習活動	・留意点
T1	**●「一年二組」の子どもたちは，どこで，どんなことを話していましたか。** C：運動場で「おうい。」，「天までとどけ，一，二，三。」…など	・どこで，どんな話をしたのかを想起させ，雲のくじらに乗って空の旅をした部分には，会話文がなかったことを確認する。
T2	**●お話には書いてありませんが，海の上では何を話したのでしょう。** C：船が見えるよ。 C：波の音が聞こえるよ。 C：潮風が頬に当たって気持ちいい。 C：海のかおりがするよ。　など ・海の上で話したと思うことについて，ワークシートに書き込む。	・海の写真を提示したり，五感から想像することを促したりすることで，場面についての想像が膨らむようにする。 ・話したこと（外言）に加え，感じたこと（内言）もよいこととする。 ・挿絵を印刷したワークシートを用意し，吹き出しを書くようにする。
T3	**●海の上で話したと思うことについて，発表しましょう。** C：イルカが見えるよ。 C：魚釣りをしたいな。　など ・吹き出しに書いたことを用いながら，海の部分の挿入話を書く。 C：海の上で，みんなはいろいろな話をしました。 イルカが見えるよ。 みんなでつりをしよう。 みんなとても楽しそうです。	・子どもたちが想像したことを共有し，さらに想像を膨らませるとともに，海の部分の挿入話を書く時に活かせるようにする。 ・文型を示し，挿入話を書く時に書き方の面でつまずかずに，楽しく書くことができるようにする。
T4	**●次の時間は，「むら」の部分のお話を考えて書いてみましょう。** C：畑とか動物とかが見えるお話にしたいな。 C：川の音とかも聞こえるかもしれないな。	・次時の学習内容を確認し，見通しをもったり，挿入話づくりの活動への意欲を高めたりできるようにする。

教材研究の目 1 表現の工夫

①語りの特徴

本作品は、語り手がおとうとねずみである「チロ」に寄り添って、その様子や行動について詳細に語る点に特徴があります。語り手は第三者の語り手でありながら、チロの心の中をよく知っています。次の語りについて考えてみましょう。

―チロは、あわてていいかえしましたが、ほんとうは、とてもしんぱいでした。―

「あわてて」「いいかえしました」「が」「ほんとうは」「とても」などの修飾語や逆接表現を用いて、チロの不安や葛藤が詳細に語られている代表的な一文です。また、この直後の「もしかすると、おばあちゃんは、いちばん小さいチロのことをわすれてしまったのかもしれません。」という一文は、チロの不安や心配の内容を顕在化させ、今後の展開を想像させる伏線としての機能をもち合わせます。

この他にも、「どんどんどんどん」「ずっと」「だんだんだんだん」などの強調表現や技法を用いることで、様子や行動を具体的に想像させる効果をもたせています。

登場人物の心情を具体的に想像し、物語の読みをつくり、語り合う授業の実現に向けては、低学年のうちからこうした語りの特徴に着目し、授業を展開していくことが重要です。

②音読や比較で

教材文：『あたらしいこくご　一下』東京書籍（令和二年度版）』より引用

しかし、低学年の子どもたちが、自発的に語りの特徴に気付き読みをつくることは難しいことです。そこで、授業の中では、音読や比較が有効に働きます。例えば、山の向こう側にあるおばあちゃんのうちに向かって、チロがおばあちゃんを呼ぶ場面では、その声が「おばあちゃあん……。」と表現されています。「……」を抜いた時との違いを比較することで、チロの不安な気持ちや、チョッキを編んでほしいという願いを読み取れる表現になっていることに気が付くことでしょう。その後の山びことして「おばあちゃあん」という声が繰り返される会話文では、文字の大きさが徐々に小さくなるように表現されています。文字の大きさの変化から、一年生の読者は、音が小さくなっていくことを読み取ると考えられます。他にも、

・「～～とんでった。～～とんでった。」の繰り返し
・だんだんほそく、小さくなる「チロだよう。」
・きえてしまうまで耳をすましていた「あんでね。」

など、声に出して表現することで、チロのおばあちゃんに思いを届けたいという気持ちを読むことができるでしょう。

また、最後の場面では、「さっそく」チョッキを着たチロは、おかのてっぺんの木に「かけのぼり」、おばあちゃんにお礼の気持ちを伝えます。「「ありがとう。」がきえるのをまって、もう一ど、こんどはゆっくり、「あ、り、が、と、う。」」と言います。音読の仕方を工夫しながら、チロの気持ちを想像させたいものです。

チロの気持ちを考える際に、こういった語りの特徴や表現の工夫を授業者が把握しておくことで、作品の中の言葉に着目して意味付けをしようとする子どもの姿を引き出すことができると考えます。

教材研究の目 2 語りとプロット

①寄り添い

登場人物で固有名詞が与えられているのはチロだけです。他はにいさんねずみ、ねえさんねずみ、おばあちゃんという一般名詞です。語り手が一貫してチロに寄り添って物語を進行する点に特徴があります。ここでは、チロに寄り添った語りの特徴を中心に、どのような〈問い〉が可能なのか検討していきます。物語の中盤にある「チロは、そとへとび出していきました。」という語りに着目してみます。「いきました。」という表現からわかるように、知覚の基点がチロの側にあり、チロに寄り添った語りであると読むことができます。

―チロのこえは、くりかえし…（中略）…いくではありませんか。

―という表現があります。「ありませんか。」という表現を使うことで、チロが自分の声が遠くなっていくことに気付いて驚いていることを表現しています。チロが未経験であることをチロに寄り添って語ります。こうした語り手の語り方から、読者はチロの心情に寄り添って物語の続きを読み進めていくことになります。

その後、もう一度チロが「ぼくは、チロだよう。」とおばあちゃんを呼ぶ場面では、

―すると、こんどもチロのこえは、…（中略）…小さくなっていきました。

―

という表現へと変わっています。チロの声がこだましているという同じ状況を説明している表現ですが、語り方によって、前者は「ありませんか」という表現から声が届くことへの予見を想像でき、後者は「こんども」「なっていきました。」という言い切りの形から声が届いたことの確信を読むことができます。**「どちらの方がチロはうれしいか」**を問うことで、チョッキが自分の分だけ来ないのではないかという不安から、声が届いたからチョッキが届くような気がするという期待や喜びへと徐々に心情が変化していることを読むことができます。

②一貫性のある読み

さらに、チロが山に向かって声を出す時の語りを見ていきましょう。一回目は「チロは、ひとこえよびました。」、二回目は「チロは、うれしがってとびはねると、まえよりもこえをはり上げていいました。」、三回目は、「チロは大きく口をあけ、いちばんだいじなことをいいました。」と変化しています。この表現の変化から、声の大きさや口の開け方が変化していることが読み取れますが、その背景に、こだまが届いていることへの確信から、うれしさや自信、期待などの心情が膨らんでいくことを読むことが重要です。結末場面で、チョッキを編んでくれたおばあちゃんに感謝を伝える場面の語りでは「チロは大ごえでさけびました。」と表現されています。ここだけを急に取り上げて、「なぜ大声で叫んだのでしょうか」と問うても、「うれしかったから」としか返答がこないことでしょう。しかし、前述のようにこだまが予感から確信へと変わっていったこと、どんどんと大きな声で呼ぶことでうれしさや期待が増していることなどを丁寧に押さえることで、「チョッキが届いて今までで一番うれしかった」とより一貫性のある読みへとつながります。

このように、語りからチロの心情の変化を押さえることで、物語のプロットが見えてきます。小学校低学年段階から、心情の変化を時系列的に教えるのではなく、一貫性のある読みへと誘われるよう、問いを組み合わせながら、単元をデザインすることで、自立した読者を育成する礎を築いていくことが可能になります。

教材研究の目 3 空所

①毛糸の空所

本作品の冒頭で、三びきのねずみのきょうだいのところに届いたおばあちゃんの手紙には、赤と青の毛糸できょうだいたちのチョッキを編んでいることが書かれています。

「三びきのねずみのきょうだい」にもかかわらず、色は「赤」と「青」の二色だけです。これが、この物語の最初の空所です。ねずみの数と色の数の違いから、読者は、一人分チョッキが足りないことを予見させられます。一年生の子どもたちもここで一度立ち止まって、色ときょうだいの数の違いやにいさんねずみとねえさんねずみの言葉から、一つ足りないことに気が付き、「おばあちゃん、どうしたのだろう」と疑問をもつでしょう。そして、チロの「しんぱい」に寄り添って読むことになります。

②チロの声は届いたのか

手紙が書けないチロは、おかのてっぺんの木に立って自分の声をおばあちゃんに届ける、という作戦に出ます。だんだん声が小さくなる山びこを「こえがとんでった。」と表現し、おばあちゃんの家まで声が届いていると考えるチロです。「あんでね。」が消えてしまうまで、じっと耳をすましたのは、おばあちゃんに声が届いたのを確かめたのでしょう。でも、本当にチロの声はおばあちゃんに届いているのでしょうか。これも空所です。おばあちゃんの家は「たにをはさんで、たかい山が見え」るその山の「ずっとむこうがわ」にあるのです。声が届くわけがない、と読む読み手がいるでしょう。一方で、チロに寄り添って読む読み手はチロに同化して、奇跡が起きておばあちゃんに声は届いている、と読むでしょう。読み手によってどちらもあってよいと考えます。ただし、チロは、「おばあちゃんに自分の声が届いている」と思っています。これだけは確かです。この作品の面白さは、まさにここにあります。「心配していたチロにチョッキが届いた話」というよりも「丘の木のてっぺんから叫ぶ声がおばあちゃんに届いているとチロが思っている話」と読む方が面白いのではないでしょうか。おばあちゃんに向かって一声呼んだ声が、こだまとなってだんだんだんだん遠くなっていく、そのことを「おばあちゃんに声が届いた」と思っている、そのチロの純粋さ、愛らしさこそがこの作品の勘所と言えるでしょう。ですから、この場面をたくさん音読させて、語感を通して感じ取らせたいのです。

③おばあちゃんの空所

もう一つ不思議なのは、おばあちゃんです。おばあちゃんは、物語の冒頭では、手紙で「いろは、赤と　青です。」と告げていますが、赤と青のしましまのチョッキを編んでいることは告げません。では、なぜ、おばあちゃんは「赤と青」としか告げなかったのでしょうか。このことは物語において空所と言ってもよいでしょう。おばあちゃんはこれまでの三匹のねずみとの関係から性格を理解し、このようなチョッキを編んだことが想像されます。また、楽しみに待っていてほしいからあえて手紙に「しましま」であることを書かなかったとも考えられます。これは、作品に潜む仕掛けと言ってよいかもしれません。本作品は、チロの心情を中心に読んでいくことが多いようですが、設定や構造を押さえた教材研究を進めることで、物語上におけるおばあちゃんの役割が見えてきます。

チロの人物像や性格については、前述しましたが、このように、空所を補完すべく、〈問い〉を検討することで、作品の勘所である面白さや、仕掛けを授業者自身が読んでおくことが必要です。そうすることで、一年生に何をどうやって読ませたらよいかを考えていくことができるのではないでしょうか。

教材研究の目 シリーズ作品 4

①絵本

本作品は、『おとうとねずみチロのはなし』という絵本に収録されている「しましま」という作品が原作です。語り手は、一貫してチロに寄り添っており、チロの心情や性格が直接的に表現されている点が特徴的です。一年生の子どもたちでも登場人物の心情を想像しやすく、チロの気持ちになりきって音読することができるでしょう（ただし「しましま」という題名は種明かしになってしまうので先に紹介するのは問題です）。

また、絵本に収録されている「すうすう」「くんくん」「ずきずき」「ぶかぶか」などの作品もチロとにいさんねずみ、ねえさんねずみの三匹のねずみのきょうだいのエピソードが収録されています。「チロというのは、おとうとねずみの名まえです。」という語りが全作品共通で語られていることからわかるように、一話完結の作品が集積されている形式をとっています。

「すうすう」では、チロは、いいものが見られないと一番最初に昼寝をするのを嫌がります。しかし、外を見ているうちにチロは寝てしまいます。その結果、赤とんぼの群れや青い空を流れるちぎれ雲をチロは見逃してしまいます。「でも、もうだれも、めをさましませんでした。」という語り手の言葉で作品を終えます。

「くんくん」では、ねずみのきょうだいがきのみを拾いに出かけます。にいさんねずみとねえさんねずみについていけないチロは、転んでべそをかいてしまいます。起き上がろうとするとしげみにたくさんのやまぶどうを見つけます。そして、にいさんねずみ、ねえさんねずみに得意そうに道で拾ったことを伝えます。作品は、「でもね、じぶんがべそをかいたことは、だまっていましたって。」という語り手の言葉で終えます。

②複数作品から読む

収録されている二つの作品について紹介しましたが、複数作品の語りが描くチロの心情や性格を読むことで、チロの心情や性格をより丁寧に読むことが可能になります。作品ごとに少しずつ違って描かれるチロの心情や性格を読むことで、より多面的・多角的に登場人物の心情や性格を想像することにつながります。

「すうすう」では、語り手が語る最後の一文から、少し見栄を張ったがために、いいものを見られずに、結局寝てしまったチロの性格を想像することができます。「くんくん」からは、自分がたくさんのきのみをとって来たことだけを伝え、転んでべそをかいたことは伝えなかったことからチロの性格が見えてきます。

いくつかの作品に現れるチロの性格を複合的に考えることで、「おとうとねずみ」であるということとの関連から心情や性格を想像することにもなります。

また、本作品は『おとうとねずみチロのはなし』の他に、『おとうとねずみチロはげんき』『おとうとねずみチロとあそぼ』という二冊が出版されているシリーズ本です。他の二冊に収録されている作品を取り上げることで、より一層チロの心情や性格を丁寧に読むことにつながります。

一年生の子どもたちにいきなり全ての作品を取り上げて読ませることは、難しいと考えられます。教師による読み聞かせや朝読書などを活用し、授業では、感想交流や感想発表などを丁寧に行うことで、豊かな読書経験を蓄積させることにつながります。

前述の通り、各作品ともに、語り手は、チロに寄り添って物語を進行していきます。一年生の子どもたちにいきなり、語り手の意図を問う必要はありませんが、教師は語り手の意図を想像しながら、複数作品を読み、問うべき表現について教材研究することが重要です。

教材研究を活かした単元計画と発問・交流プラン

1 音読発表会をしよう

POINT

〈問い〉によって心情の変化を考える

「教材研究の目」で前述したように、チロの声の大きさや口の開け方などからチロの心情の変化を読むことができます。そこで大切にしたのは、**教師が「こう読むべき」と教えないこと**です。「大きく口を開けて読みましょう」と教えてしまうと、「大きく口を開けて読む」という形式的な音読になり、チロの心情を反映した音読になりづらくなります。そこで、**〈問い〉によってチロの心情の変化を丁寧に押さえることが重要です。**

二次では、まずおばあちゃんの手紙や、にいさんねずみ、ねえさんねずみの言葉などを手がかりに、チロが自分のチョッキがないのではないかと不安を抱いていることを押さえます。そして、「「おばあちゃん、おばあちゃん…」と「ぼくのこえがとんでった…」ではどちらのセリフを大きな声で読みますか」と発問することで、言葉がこだましていくことによって不安感から期待感、うれしさへと心情が変わっていくことを押さえます。このように**〈問い〉によって声の大きさなどの音読の仕方と心情が連動するよう単元を展開していくこと**が重要です。

三次では、音読発表会を行います。前述のように「ここはもっと大きな声で読みましょう」などと教師が子どもに視点を与えるのではなく、**〈問い〉とその交流によって生まれた音読の工夫を価値付ける**ことを大切にしましょう。

単元計画

次	時	●主な発問〈問い〉　・学習活動	・留意点
一	1	**●「おとうとねずみチロ」を読んで，感じたことや考えたことをお話ししましょう。** 交流	・黒板に書き出し，作品の面白さを全体で共有する。
	2	**●「おとうとねずみチロ」を音読しましょう。** ・初読時点で音読をする。	・子どもに合わせて，場面ごとに音読するとよい。
二	3	**●登場人物や時間，場所を確認しましょう。**	・時・人・場所の観点ごとに一つずつ確認する。
	4	**●「おばあちゃんの手紙」を読んで心配なことはありませんか。** 交流	・可能な限り，根拠を問い返す。
	5	**●「おばあちゃあん，おばあちゃあん…」と「ぼくのこえがとんでった…」ではどちらのセリフを大きな声で読みますか。** 交流	・不安なチロの気持ちが期待へと変化していくことを押さえる。
	6	**●チロはどうして「あんでね。」が消えてしまうまで，じっと耳をすましていたのでしょうか。** 交流	・言葉がこだましていくことの意味を考えさせる。
	7	**●「あ，り，が，と，う。」と「ありがとう。」では，どちらがチロの気持ちが伝わりますか。** 交流	・チロがあえてゆっくり読んだことの意味を考えさせる。
三	8 9 10 11	**●音読発表会に向けて練習しましょう。** ・グループごとに音読発表会の練習をする。 **●音読発表会をしましょう。** 交流 ・みんなの音読を聞き合う。 ・感想を交流する。	・発達段階や，子どもの実態を考慮して場面をしぼったり，限定したりしてもよい。 ・グループのよかったところを価値付け合う。
	12	**●「おとうとねずみチロ」を読んで感じたこと，考えたことをお話ししましょう。**	・子どもの実態によっては，書く活動を取り入れる。

本時の展開例（第7時）

本時の目標　「あ、り、が、と、う。」の表現の効果に気付く

T1では、前時の復習を行います。チロの不安感が、おばあちゃんに山のてっぺんから声をかけることで期待感やうれしさへと変化していることをここまでの読みの学習で捉えている子どもは、チロの喜びの大きさによって声の大きさが変わっていくことを発言すると考えられます。そこで本時の〈問い〉につなげます。

T2では、**「あ、り、が、と、う。」の表現の効果に着目**し、この時のチロの心情を押さえましょう。「ありがとう。」と文章を比較提示し、「、」が入っていることを確認します。チロがこのセリフをあえてゆっくり読むことに着目することで、チロが本当に喜んでいる、おばあちゃんにきちんとお礼を伝えたい気持ち、今までで一番感謝の気持ちが強い、などの読みの形成を促します。T3では、T2で考えたことを学級全体で共有していきます。その際に、**「ゆっくり読むことで、どんな気持ちが伝わるのか」**を、発言した子や学級全体に問い返すことで、一貫性のある読みの構築につながります。子どもの実態によっては、ペア対話等を取り入れることで、より読みが深化していきます。

T4では、実際に音読の練習を行います。その際に大きく読めたことだけでなく、「うれしい気持ちが伝わるね」など**チロの心情が反映されていることを価値付け**ましょう。こうした教師の価値付けによって、子どもは、心情や読みの内容を音読に反映させるという経験値を積み、豊かな読書経験につながります。

本時の流れ

	●主な発問〈問い〉　・学習活動	・留意点
T1	**●チョッキをもらったチロはどうしましたか。** C：おばあちゃんにお礼を言った。 C：しましまでうれしかったから，大声で叫んでいたよ。	・前時の復習を行い，チロの喜びの心情を確認し，本時の課題につなげる。
T2	**●「あ，り，が，と，う。」と「ありがとう。」では，どちらがチロの気持ちが伝わりますか。** C：「あ，り，が，と，う。」ゆっくり読んだ方が，おばあちゃんに気持ちが届きそう。 C：「ありがとう。」だと速すぎる。	・文を二つ比較提示することで，視覚的に考えやすいよう配慮する。 ・どんな気持ちが伝わるか問い返す。
T3	**●考えたこととその根拠をみんなにお話ししましょう。** C：速く読んだら，チロの気持ちが伝わらないから，「あ，り，が，と，う。」がいいと思う。 C：チロはチョッキが届いてすごく喜んでいると思うから「あ，り，が，と，う。」ってゆっくり読んだ方がいい。	・根拠には色を変えて線を引かせる。 ・子どもの実態に応じては，ペア対話やグループ交流後，全体共有する。
T4	**●チロの気持ちを込めて，最後の場面を音読しましょう。** C：うれしいから，大きな声で言おう。 C：声が，山に響くようにゆっくり読もう。 C：しましまのチョッキでうれしいから，今までで一番大きな声にしよう。	・なぜ大きく読むのかを机間指導等において，問うことで，読みの内容が音読に反映されるよう指導する。

教材研究を活かした単元計画と発問・交流プラン

2 面白いと思うことを伝え合おう

POINT

読みが分かれる問いで交流する

「教材研究の目3」で示したように、本作品は**「心配していたチロにチョッキが届いた話」**という出来事レベルの問題解決話として読むよりも、**「丘の木のてっぺんから叫ぶ声がおばあちゃんに届いているとチロが思っている話」**と読む方が、チロという何とも**純粋で一生懸命で愛らしい「おとうと」像**を読むことになり、作品の面白さを味わえます。とはいえ、出来事レベルの面白さを読むことも否定できません。

一年生の子どもたちは、チロが丘のてっぺんの木の上から、おばあちゃんに向かって叫ぶシーンを音読しながら楽しく読むことが予想されます。セリフが「とんでいく」ことや、**三つのセリフの響き方が変化していくことの意味の二重性**（「こだま」と「おばあさんに届く」）を子どもは感じ取るでしょう。感じ取ったことを言葉で表現することが難しい時期の子どもたちであるため、できるだけ音読を繰り返しながら、「おばあちゃんに声が届いていたと思うかどうか」を問いたいところです。「おかのてっぺんの木に立つと、たにをはさんで、たかい山が見え」、「おばあちゃんのうちは、あの山のずっとむこうがわにあり」と書かれていることから、環境的には声は届かないでしょう。しかし、チロの思いが奇跡を起こしたと思いたいのが子ども心です。声が届かなかった場合、なぜおばあちゃんは「しましまのチョッキ」を届けてくれたのか、はじめからそのつもりだったなら、なぜ「赤と青」という思わせぶりな手紙を書いたのか、などと疑問が続いていくことが予想されます。

単元計画

次	時	●主な発問〈問い〉　・学習活動	・留意点
一	1	**●「おとうとねずみチロ」を読んで，挿絵を並べ替えてあらすじを捉えよう。**	・おおまかな流れをつかむ。
	2	**●登場人物は誰でしょう。どんなことがどんな順番で起こりましたか。**	・登場人物，出来事，という言葉を押さえる。
二	3	**●「そんなことないよ。ぼくのもあるよ。」はどんなふうに読みますか。** ・おばあちゃんからの手紙の内容と，にいさんねずみ，ねえさんねずみの話を聞いたチロの気持ちを考える。	・「しんぱい」の内容を捉える。
	4	**●チロの考えた「いいこと」はどんなことでしたか。**	・何のために，どこで，何をしたかを読み取る。
	5	**●「おばあちゃあん……。」の声はどうなりましたか。** 交流	・「ぼくは，チロだよう。」「ぼくにもチョッキ，あんでね。」についても同様。表現の違いに気付かせる。
	6	**●チロの声はおばあちゃんに届いたと思いますか。** 交流	・届いた，届かない，どちらもある。ただし，チロは届いたと思っていることを押さえる。
	7	**●「だあいすき。」と「だいすき。」はどう違いますか。** 交流	・しましまがとても気に入っていることを捉える。
	8	**●「ありがとう。」が消えるのをまってゆっくり「あ，り，が，と，う。」と言ったのはなぜですか。** 交流	・おばあちゃんに「届いている」と思っていること，感謝の気持ちの大きさを読む。
三	9	**●このお話の面白いと思うところはどこですか。友達に伝えましょう。** 交流	・各自の考えをカードなどに書き，交流する。

本時の展開例（第6時）

本時の目標　おばあちゃんに自分の声が届いたと思っているチロの様子を読む

T1では、前時までの学習を振り返り、チロがおばあちゃんに呼びかける場面のチロの様子がわかるように音読します。その際、**「だんだんだんだんとおくなって」「ほそく小さくなって」「きえてしまうまで、じっと耳をすまして」**の変化に着目させ、山にこだまするチロの声を音読で表現させます。

T2では、チロのいる場所、おばあちゃんの家の位置を読み取り、次の問いに必要な情報を確認しておきます。

T3では、チロの声がおばあちゃんに届いていたと思うか届いていないと思うかを問います。チロは、自分の声がおばあちゃんに届いたからチョッキが届いたと思っています。繰り返しながら小さくなっていく「こだま」をおばあちゃんに声が届いている現象だと思っているところが、チロの愛らしい「おとうとねずみ像」なのです。この作品の一番の面白さはここにあります。「あの山のずっとむこうがわ」にあるおばあちゃんの家に声が届くはずがないという考えもあれば、必死に叫ぶチロの思いはおばあちゃんに必ず届くという考えもあるでしょう。

T4では、**チロ自身は自分の声がおばあちゃんに届いていると思っていることを確認**し、そのことを読者としてどう思うかを問います。「届いてよかったね」「届いていないよ。でも、おばあちゃんはちゃんとチロのチョッキを届けてくれてよかったね」など、**自分の視点でチロへの思いを語**ってほしいです。

本時の流れ

	●主な発問〈問い〉　・学習活動	・留意点
T1	**●昨日の学習を振り返って，三つのセリフを音読しましょう。** C：だんだん小さくなるように工夫したよ。 C：おばあちゃんのところにとんでいくように読んだよ。	・「とおくなって」「ほそく小さく」「きえてしまうまで」が伝わるように表現する姿を期待する。「とんでった」と思っていることも確認する。
T2	**●チロはどこから叫んでいますか。おばあちゃんの家はどこにありますか。** C：おかのてっぺんのたかい木の上に立っている。 C：おばあちゃんの家は「あの山のずっとむこうがわ」だね。	・次の問いのために必要な事柄を確認しておく。
T3	**●チロの声はおばあちゃんに届いたと思いますか。** C：「こえをはり上げて」「大きく口をあけ」てって書いてあるから届いたと思います。 C：とんでいったんじゃなくて，こだまだと思うから，届いていないと思う。 C：おばあちゃんの家は「あの山のずっとむこうがわ」って書いてあるから，届くわけないと思う。	・実際は届くわけがない距離であるが，届いてほしいと思う子どもの気持ちは否定しない。どちらの考えもあってよい。ただし，チロ自身は届いたと思っていることは読み取らせたい。 ・こだま，やまびこ，ということを知っている子どもに語らせる。
T4	**●チロはどう思っているのでしょう。そんなチロをどう思いますか。** C：届いていると思っている。「とんでった」ってうれしがっているから。 C：声をはり上げているから，届いていると思っている。かわいいなあ。 C：「じっと耳をすまして」って書いてあるから，届いたかどうか確認していると思う。届いてほしいなあ。	・Ｔ３でこのことについて言及する可能性がある。チロは，自分の声がおばあちゃんに届いたから，自分のチョッキが届いたと思っていることを確認する。 ・この作品の面白さを感じ取る。

教材研究の目 1 空所

「たぬきの糸車」は、岸なみ編『伊豆の民話』を作者の岸が小学校一年生用に再話し直した作品で、内容や描写に変更が加えられています。例えば、『伊豆の民話』所収の「たぬきの糸車」は次のような一文で締めくくられています。

たぬきは、おかみさんのために、一年中の糸を、みんなつむいでおいてくれたのでありました。

教科書版ではこの部分が削除されています。「たぬきの糸車」には、冬の間に、たぬきが何をしていたのか、何のためにしていたのか、などについて何も語られていません。また、たぬきのセリフが書かれていないだけでなく、たぬきの気持ちを直接表しているのが最後の「うれしくてたまらないというように」という部分だけです。竹内隆（２００１）は、「たぬきの糸車」を「『報恩譚』に終始しない『心の交流の物語』として読み広げやすい」「読み手一人一人によって、様々な想像をふくらませていくことができる」（141頁）と述べています。

空所を補填することを通して、読者は想像を膨らませたり意味付けをしたりして作品世界をつくり上げます。「たぬきの糸車」では、描かれていないたぬきの行動や気持ちについて、次のような空所も考えられます。

・どんな「いたずら」をしたのか。「いたずら」したのは、なぜか。
・「まいばんのように」やって来たのは、なぜか。

・「まいばんまいばんやって」来るようになってからも、いたずらをしたのか。
・おかみさんに逃がしてもらった後は、小屋に来ることはなかったのか。
・おかみさんと同じ音がするまで糸車を回すのが上手くなったのは、なぜか。
・「白い糸のたばが、山のようにつ」むまでに糸車を回し続けたのは、なぜか。
・何が「うれしくてたまらな」かったのか。

先述のように、たぬき自身が語る部分はありませんので、語り手がこれらの「空所」についてあえて語らないわけです。では、おかみさんについての「空所」も考えてみます。

・いたずらをされて困るから罠を仕掛けたのに、罠にかかったたぬきを逃がしたのはなぜか。
・たぬきが糸を紡いでいるのを見て、どう思ったのか。

その他にも、「おもわずふき出しそうになりましたが、だまって」「いたずらもんだが、かわいいな」など、おかみさんの気持ちや行動の理由などは十分には語られません。たぬきとおかみさんの語られない部分を考えていくことで、「報恩譚」とするか「心の交流の物語」とするか、「たぬきの糸車」の作品全体を意味付けることにつながっていきます。

また、糸車はたぬきの所有物ではなく、おかみさんの所有物です。それにもかかわらず、題名が「たぬきの糸車」となっている点を考えてみることも、新たな意味付けの視点となるかもしれません。

教材研究の目 語り 2

①語り手の視点の動き

語り手は、第三者視点で語り始め、おかみさんの視点や知覚の多くを共有しながら語っていきます。秋枝美保（2001）は「この物語のコミュニケーションは、お互いにお互いの姿を「見る」ということで成り立っているといえよう。」（131頁）としています。語りから、おかみさんとたぬきの視線の交わりによる心の交流に着目してみます。語り手が、おかみさんと視点や知覚を共有している最初の部分です（傍線：筆者）。

(1)ふと気がつくと、やぶれしょうじの…（中略）…目玉が、こちらをのぞいていました。
(2)糸車がキークルクルとまわるにつれて、二つの目玉も、くるりくるりとまわりました。
(3)そして、月の…（中略）…まねをするたぬきのかげがうつりました。
(4)おかみさんは、おもわずふき出しそうに…（中略）…まわしていました。

(1)(2)の時点では、おかみさんは「二つの目玉」がこちらを見ているという認知をしていることが語られていますが、その「二つの目玉」＝「たぬき」であることは、まだ認知していません。(3)の時点で、「二つの目玉」が「たぬき」であることに気付きます。この時、毎晩のようにやって来ていたずらをする「たぬき」によい思いはもっていないはずです。しかし、(4)において、語り手は、おかみさんの「おもわず」という気持ちまで語り、たぬきに対して悪い気持ちばかりではないこともわかります。この後、おかみさんは、たぬきが毎晩やって来て糸車を回す真似を繰り返す姿を見て、「いたずらもんだが、かわいいな。」というセリフにつながります。その後、「こわごわいってみると」罠にかかった「たぬき」を見て「かわいそう。」となります。「たぬき」については客観的事実のみしか語られていなくても、「いたずらもん↓かわいい↓かわいそう」と「たぬき」に対する心情が変化していくおかみさんの気持ちを読者に共有させています。

②読みの多様性

たぬきが冬の間に何をしていたかということについては「空所」となっています。冬を迎えて「ふうふは、村へ下りていきました。」と語っているので、語り手の視点は第三者視点に戻っています。「下りていきました。」、春になって「もどってきました。」という、語り方から、語り手は小屋に留まっているように感じます。とすれば、「たぬき」の行動について当然知り得るはずですが、語られていません。春の場面では、「あっとおどろきました。」と、語りの視点はおかみさんに移ります。語りの視点の巧みな動きによって、読者の視点も規制され、冬の間のたぬきの行動は隠されます。ここでは、おかみさんとたぬきの視線は交わっていません。

最後の場面を見てみます。この場面の一文目で語り手が「のぞいているのに気がつきました。」と初めてたぬきと視点を共有することで、おかみさんとたぬきの視線が交わり、お互いを「見た」状態になりました。

たぬきは、ぴょこんと…（中略）…、うれしくてたまらないというように、ぴょんぴょこおどりながらかえっていきましたとさ。

傍線部「うれしくてたまらない」と感じたのは誰でしょうか。表面上は「たぬき」ですが、語り手、おかみさん、読み手の私でもあり得ます。それによって作品の意味付けも変わっていきます。

教材研究の目 3 オノマトペ

オノマトペとは、擬音語と擬声語を総称したものです。リズム感のよいオノマトペは、読者に想像する楽しさや声に出して読む楽しさを与えてくれます。どんな音なのかな、何をしているところかな、どんな様子なのかな、と作品世界を豊かに広げてくれます。本作品内のオノマトペには次のようなものが見つかります。

(1)キーカラカラ　キーカラカラ　キークルクル　キークルクル
(2)二つのくりくりした目玉が…
(3)糸車がキークルクルと…（中略）…目玉も、くるりくるりとまわりました。
(4)あるばん、こやのうらで、キャーッというさけびごえがしました。
(5)おかみさんがこわごわいってみると…
(6)びっくりして…（中略）…しっぽがちらりと見えました。
(7)たぬきはぴょこんとそとにとび下りました。
(8)うれしくてたまらないというように、ぴょんぴょこおどりながら…

「教材研究の目1・2」で述べたように、本作品をたぬきとおかみさんの心の交流と考えると、糸車の「キーカラカラ　キークルクル」という(1)の擬音語は、たぬきとおかみさんをつなぐ大切なキーワードであることがわかります。春になり小屋に戻ったおかみさんが目にするのは、山のように積んである糸の束。不思議に思いながらもご飯を炊き出すと聞こえてくる音が「キーカラカラ　キーカラカラ　キークルクル　キークルクル」という糸車を回す音。そっと覗くとそこには、上手な手つきで糸車を回して糸を紡いでいるたぬきの姿。最初の場面でおかみさんが糸を紡ぐ「キーカラカラ　キーカラカラ　キークルクル　キークルクル」と全く同じ音で聞こえてきます。破れ障子の穴からのぞいていた時には、キーカラカラと回るにつれて目玉を回していたたぬきが、春になってみると「キーカラカラ　キーカラカラ　キークルクル　キークルクル」と上手な手つきで糸車を回せるようになっていることが表していることは何でしょうか。また、(7)に「ぴょこんと」や(8)の「ぴょんぴょこおどりながら」という擬音語は、「うれしくてたまらないというように」というたぬきの行動につながっていきます。本作品を「報恩譚」と読むか、「心の交流」と読むか、糸車の音を中心にしてオノマトペが見事な役割を果たしていることがわかります。

他にも、(2)(3)の「くりくり」や「くるりくるり」というたぬきの姿を表すオノマトペは、おかみさんにとって「いたずらもの」を「かわいい」存在に変えてしまうたぬきの様子を的確に表しています。(6)の「ちらりと」も敢えて「ちょっと」や「少し」といった言葉を選択しないことで、たぬきを「かわいい」と思っているおかみさんの気持ちが読み取れます。

『伊豆の民話』所収の「たぬきの糸車」では、民話の特性からか、いたずらするたぬきの行動に「ぽんぽこぽん」「わっしょい、こらしょい」を付けたり、糸車を回す音として「くるくる」「くるくるからから」と音を加えたりしてオノマトペが多く使われて語られています。しかし、教科書版では、オノマトペは厳選されていると言えます。糸車の音が「キーカラカラ　キーカラカラ　キークルクル　キークルクル」だけになることで、本作品の主題に迫るキーワードとなっているように感じます。

教材研究の目 4 場面

場面が変わるのは「時間」「登場人物」「場所」が変わった時です。次の六つの場面に分けることができます。光村図書（令和二年版）では、挿絵によって場面分けをすることができます。

一　きこりの夫婦の暮らしとたぬきのいたずら
二　のぞくたぬきと、黙って糸車を回すおかみさん
三　罠にかかったたぬきを助けるおかみさん
四　山にやってくる冬
五　上手な手つきで糸を紡ぐたぬきと、のぞくおかみさん
六　うれしそうに帰っていくたぬき

どの場面も、様子を想像しやすく、作品の主題を捉え作品世界を語るうえで欠かせません。一場面は、本作品の設定をつかむ重要な場面です。「きこり」「山おくの一けんや」は、読者にとって身近なものでなく想像しづらい点があるものの、「たぬきが毎晩やって来る」「わるさではなくいたずら」「どんないたずらか」など、作品世界の様子について想像を膨らます場面であると言えます。

第二場面は、「月のきれいなばん」の出来事です。おかみさんが糸車で糸を紡いでいると、破れ障子の穴からこちらをのぞく二つのくりくりした目玉に気付く。糸車がキークルクルと回るにつれてくるりくるりと回る

目玉。明るい月が障子に映し出すのは、糸車を回す真似をするたぬきの姿。のぞいているとわかっても、毎晩毎晩糸車を回し続けるおかみさん。たぬきに寄り添っていくおかみさんの気持ちがうかがえる場面です。

三場面は、「あるばん」の出来事です。「キャーッ」と声のする方へ「こわごわ」行ってみるおかみさん。二場面の「月のきれいなばん」と違い、「あるばん」「こやのうら」という暗さの中でも、「いつもの」と判断できるほどに見慣れたたぬきが罠にかかっています。きこりが仕掛けた罠からたぬきを逃がしてやります。糸車で糸を紡ぐ様子を見られていたたぬきに、かわいさと親しみを感じていることがわかる場面です。

四場面は、一場面と同様に「冬の始めに村へ下りる」ことについては想像がしにくいことが考えられます。たぬきの行動がわからない空所の場面です。想像力を働かせたいところです。

五場面は、春になって小屋に戻ると、白い糸の束が山のように積んであり、埃だらけのはずの糸車に巻きかけた糸までかかっている状況は、おかみさんだけでなく、読者にも不思議さをもたらします。そして、おかみさんが糸車を回した時と全く同じ「キーカラカラ　キーカラカラ　キークルクル　キークルクル」という聴覚情報と、「ちらりと」見える「ちゃいろのしっぽ」という視覚情報が相まって、読者の想像力をかき立てます。おかみさんが「そっとのぞく」と、「じょうずな手つきで糸をつむ」ぐたぬきが見えます。「おかみさんがしていたとおりに」束ねられるほどに、おかみさんの手つきをよく見ていたことがわかります。この場面で、気付かずにのぞかれるたぬきとのぞくおかみさんの関係性は、二場面と全く逆転しています。その後、おかみさんの視線にたぬきが気付きますが、ここで初めて二人の視線が交差します。

六場面は、「ぴょこんと」「うれしくてたまらないというように」「ぴょんぴょこおどりながら」というたぬきの様子が多く語られます。たぬきの気持ちをどのように想像するかということで、本作品の世界観をどのように捉えているかがわかります。

教材研究を活かした単元計画と発問・交流プラン

1 好きなところを紹介しよう

POINT 登場人物の行動や心情から場面を想像する

「教材研究の目」でも前述したように、本教材はおかみさんの視点で語られることが多く、おかみさんの知覚や心情を共有しています。語り手の視点がおかみさんにあることで、子どもたちはおかみさんと同じようにたぬきをかわいく感じたり、コミカルな行動が滑稽に見えたりすることでしょう。一次では、子どもたちの初読の感想を大切にして、「好きなところを紹介する」活動を単元の目標とします。素朴な初読の感想に、「どのようなところから」「なんで」といった詳細や根拠を示すために、読み進めていきます。

二次では、**「場面の様子を想像」**します。「好きなところを紹介する」ための材料として、おかみさんの心情をつかむとともに、たぬきの行動の変化をつかみ、たぬきの心情も変化していることを捉えさせます。各場面の挿絵と叙述を合わせて、おかみさんとたぬきの行動と心情を整理していきます。また、「キーカラカラ　キーカラカラ　キークルクル　キークルクル」というオノマトペで二度表現されていることに注目し、その違いを考えることで、好きなところを紹介する際に表現にも目を向けることが期待できます。

三次では、**「好きなところを紹介しよう」**という言語活動を設定しました。「好きなところ」「そのわけ」を友達に伝えようとすることで、登場人物の行動や心情の変化、登場人物同士のつながりなど考え、叙述を基にして場面を想像することを目指します。

単元計画

次	時	●主な発問〈問い〉　・学習活動	・留意点
一	1	**●「たぬきの糸車」を読んで，感じたことや考えたことを書きましょう。** ・感想交流を通して，「好きなところを紹介しよう」という単元の目標を設定する。	・様々な感想が予想される。感想を肯定的に捉え，「どんなところが好きになったのか，詳しく探そう」と単元の目標につなげる。
	2	・挿絵を基にあらすじを捉える。 ・時，人，場所を確認する。	・挿絵を並べて掲示し，たぬきとおかみさんの行動を基に，話の順序をまとめる。
二	3	**●「いたずらもんだが，かわいいな。」と言った時，おかみさんはどんな気持ちだったでしょうか。** 交流 ・二場面でのたぬきやおかみさんの行動や心情を，叙述や挿絵を基にして考える。	・表にまとめられるようにワークシートを用意し，活動に取り組みやすいように支援する。 ・交流の際は，「どこに着目して根拠としたか」を明示させる。 ・声に出して読んだり動作化したりして描写を想像させる。
	4	**●罠にかかったたぬきを逃がした時，おかみさんはどんな気持ちだったでしょうか。** 交流	
	5	**●上手な手つきで糸を紡いでいるたぬきを見て，おかみさんはどう思ったでしょうか。** 交流	
	6	**●たぬきはなぜ，おどりながら帰っていったのでしょうか。** 交流	・たぬきの気持ちは，この場面でしか語られないので，他場面と関連させて考えを引き出す。
三	7	**●お話のどんなところが好きですか。友達に紹介できるようにしましょう。** ・好きなところとその理由を書く。	・「好きなところ」「わけ」が書けるワークシートを用意する。 ・場面の絵を描かせてもよい。
	8	**●自分が好きなところを友達に紹介しましょう。** 交流 ・相手を変えて，複数回紹介し合う。	・複数回紹介し合うことで，多くの考えにふれさせる。

本時の展開例（第６時）

本時の目標　たぬきは、なぜおどりながら帰っていったのか考える

六場面は、**初めてたぬきの気持ちが語られる場面**です。T1では、「おかみさんがのぞいているのに気がつきました。」の時、たぬきはどんな気持ちであったかを問います。五場面までは、多くがおかみさんに寄り添って語られ、たぬきはおかみさんが自分の方を見ていることを知りません。この時に初めておかみさんとたぬきが目線を合わせます。「驚いた」「うれしくなった」などの反応が予想されますが、「何でそう感じたの？」と問い返して、これまでの**たぬきの行動や心情をどのように捉えていたのかを顕在化**させます。

T2では、たぬきに対する自分の読みがより深くなります。子どもたちは、「おどりながら」という言葉には、「うれしさや喜び」などを、「帰っていった」という言葉からは「満足感や驚き」などが感じることと思います。同じ文の中の「うれしくてたまらないというように」という言葉と併せ、「うれしくて」「おどりながら」「帰っていった」という言葉から、**報恩譚ととるか、糸車を回せた満足感ととるか**、たぬきの心情を想像することができます。前の場面までのたぬきの行動を関連させて、自分の考えを伝えられるようにしましょう。

T3の交流により、**自他の読み方およびその異同を意識化**することができます。子どもたちは、交流を通して、たぬきの行動の意味について読みを広げることが期待できます。

T4では、次時以降に見通しをもたせます。たぬきの行動の意味について、様々な読みができることに気付いた子どもが、自分の読みについて深められるようにします。

本時の流れ

	●主な発問〈問い〉　・学習活動	・留意点
T1	**●おかみさんがのぞいていることに気付いた時，たぬきはどんな気持ちですか。** C：びっくりしたと思う。 C：わかってもらえてうれしかったんじゃないかな。	・「のぞかれていることに気付く」という驚き以外にも，相手がおかみさんであることも関連させて想像させる。
T2	**●たぬきは，どうして「おどりながらかえって」いったのですか。** C：自分が紡いだ糸に気付いてもらえてうれしかったんだと思う。 C：糸車をたくさん回すことができて，満足して帰ったんだと思う。 C：おかみさんに糸車をうまく回せるようになったことを知ってもらえて，喜んでいたのかな。	・前場面までに，挿絵と合わせて，おかみさんやたぬきの心情や行動をまとめておき，この一文だけで判断しないように考慮する。
T3	**●考えたこととその根拠を仲間と交流しましょう。** C：「糸を束ねて積み重ねている」から，気付いてほしかったんだと思うよ。 C：帰っていったから，おかみさんにばれてしまったと思ったのかな。障子の穴からのぞいて真似をするくらいだから，回してみたかったと思う。 C：「キーカラカラ　キークルクル」って音がおかみさんもたぬきも同じだよ。たくさん練習したんじゃないかな。	・グループなどの少人数で交流後，全体でも共有する。 ・学習者の読みの内容だけでなく，着目した根拠となる叙述や叙述から考えたことにも着目して取りあげる。
T4	**●自分の好きなところはどこですか。それはどうしてですか。決まったら友達に紹介しましょう。** C：目玉がくるりくるり回るところ。 C：たぬきが糸を紡いでいるところ。	・数人の好きなところを発言する機会を設け，見通しをもたせる。

教材研究を活かした単元計画と発問・交流プラン

2 お話の世界を楽しもう

POINT

登場人物の行動や心情を想像する

「たぬきの糸車」には、きこりの夫婦が村へ下りていく冬から春までの間のことが何も語られていないという大きな空所があります。冬から春までの間に、**たぬきが「何をしていたのか」「何のためにしていたのか」**ということを考えることで、たぬきの行動の意味付けが変わってきます。空所を考えて、**たぬきになりきって行動や心情を語る物語**を書くことで、作品世界を楽しむ読みの力を付けることとねらいとします。

一次では、挿絵を踏まえて全文を読み、あらすじをつかみます。そして、好きなところや疑問に思ったことなどを感じたことを書きます。たぬきに関する感想を取り上げながら、たぬきの心情がほとんど描かれていないことを押さえ、**「たぬきになりきって読もう」**という単元のめあてを設定します。

二次では、**「冬の間、たぬきは何をしていたのだろうか」**という〈問い〉を中心にしながら、各場面のおかみさんやたぬきの行動や心情を読み取り、作品全体を捉えます。「何をしていたか」「何のためにしていたか」を中核に据えて、一人一人が感じる作品の主題をつかめるようにします。

三次では、**「たぬきになりきって、冬の間にしていたことを語ろう」**という言語活動を設定しました。「会話調」「日記調」「お手紙調」「説明調」など様々な伝え方が考えられます。たぬきになりきって「たぬきの糸車」の世界を楽しみたいものです。

単元計画

次	時	●主な発問〈問い〉　・学習活動	・留意点
一	1	**●「たぬきの糸車」を読んで，感じたことや考えたことを書きましょう。** ・感想交流を通して，「たぬきになり切って読もう」という単元の目標を設定する。	・様々な感想が予想される。たぬきの心情がほとんど書かれていないことを踏まえ単元の目標につなげる。
	2	・挿絵を基にあらすじを捉える。 ・時，人，場所を確認する。	・挿絵を並べて掲示し，たぬきとおかみさんの行動を基に，話の順序をまとめる。
二	3	**●たぬきは，なぜ「いたずら」をしたのでしょうか。** 交流 ・どんないたずらをしたのか。 ・「わるさ」ではなく，「いたずら」であることについて考える。	・毎晩やって来ていること，罠を仕掛けられるまで時間があることを踏まえて，心情を考えさせる。
	4	**●たぬきは，なぜ「まいばんまいばん」やって来たのですか。** 交流	・糸車を回す真似をするたぬきの心情を考えさせる。
	5	**●おかみさんは，なぜたぬきを逃がしたのですか。** **●たぬきは，逃がしてもらった後もやって来たのですか。** 交流	・おかみさんが逃がしてくれた思いを，たぬきがどう受け止めたのか，問いをつなげて考えさせる。
	6	**●おかみさんと同じ音になるまで糸車を回したのはなぜですか。** 交流 ・二度出てくる「キーカラカラ　キークルクル」は同じ読み方でよいか考える。	・声に出して読んだり動作化したりして描写を想像させる。
	7	**●何が「うれしくてたまらな」かったのですか。** 交流	・作品全体を通して，想像したことの根拠も明示させる。
	8	**●冬の間，たぬきは何をしていたのですか。** 交流	
三	9	**●たぬきになりきって，冬の間にしていたことを伝えましょう。** 交流 ・どのように伝えるか考える。 ・おわりの感想を書く。	・必要に応じて，ワークシートを用意する。 ・最初の感想と比べて，単元の振り返りをする。

本時の展開例（第8時）

本時の目標　冬の間に、たぬきが何をしていたか想像する

T1では、挿絵を並べ、場面ごとにたぬきに寄り添いながら作品を読み進めてきた前時までのことを踏まえ、たぬきの行動や心情の変化を確認します。四場面だけが挿絵がなく、登場人物もいないことを確認し、**「冬の間に、たぬきは何をしていたのだろうか」**という〈問い〉へつなげていきます。

T2では、〈問い〉に対する考えをたくさん出させていきましょう。作品全体を踏まえて想像することが難しい学習者もいることも想定されますが、「いたずらしていたが、破れ障子の穴からのぞいていたこと」「糸車が回るとくるりくるりと回る二つの目玉」「毎晩毎晩やって来て糸車を回す真似をすること」「罠にかかった時に、おかみさんが逃がしてくれたこと」「たぬきが「キーカラカラ　キークルクル」とおかみさんの回す糸車と同じ音で回していること」「春になると上手な手つきで糸を紡げるようになっていたこと」など、**たぬきの行動を根拠として考えさせる**ことで、学習者一人一人の〈問い〉に対する読みの形成につながることでしょう。

T3の交流では、たぬきのどんな行動や心情から考えたのか、根拠を明示させることで、友達との読みの相違を捉えられるようにします。**T4**では、次の学習へとつなげるために、友達の読みも踏まえて、〈問い〉に対する自分の読みを十分につくっておきたいところです。伝える内容によって、**作品の主題を「報恩譚」「心の交流」など、どう捉えているか**が見えてきます。

本時の流れ

	●主な発問〈問い〉　・学習活動	・留意点
T1	**●四場面に合う挿絵はありますか。登場人物はいますか。** C：五場面の絵が二つある。 C：登場人物がいない。	・挿絵を並べて掲示し，たぬきの行動と心情を整理する。 ・四場面に空所があることを確認する。
T2	**●冬に間に，たぬきは何をしていたのでしょうか。** C：罠から助けてくれたおかみさんのために，糸を紡ぐ練習をしていたんだよ。 C：おかみさんと同じように糸車を回して糸を紡げるようになりたかったんじゃないかな。 C：おかみさんがいなくなったから，思う存分に糸車を回していたんじゃないかな。	・〈問い〉への読みの形成が難しい場合には，前後場面のたぬきの行動に着目させる。 ・描写に着目して音読したり動作化したりすることも想像につながる。 ・どこを根拠としているか，教科書に線を引かせる。
T3	**●考えたこととその根拠を友達と交流しましょう。** C：冬の間に，おかみさんのために糸を紡いでいてあげたかったんだと思う。 C：春におかみさんが戻って来たら，上手に糸車を回せるところを見てほしかったんじゃないかな。 C：毎晩隠れて，破れ障子の穴からのぞいていたから，糸車を回すチャンスを待っていたと思う。	・友達の考えも書き残し，読みの再考に役立つようにする。 ・グループなどの少人数で交流後，全体でも共有する。 ・学習者の読みの内容だけでなく，着目した根拠に着目させる。
T4	**●たぬきになって，冬にしていたことを伝えましょう。** C：日記風にして伝えたい。 C：物語のように伝えたいな。	・次時に向けて，どのようにまとめるか話す機会を設定し，見通しをもたせる。

教材研究の目

物語内容

①何を語っているのか

住田勝（2021）は、ジェラール・ジュネットが提出した文学テクストを分析する三つの視点「物語内容」「物語言説」「物語行為」を、「何を語っているのか」「どのように語っているか」「なぜそのように語るのか」と置き換え、この切り口が教材研究の基本的な道筋となると述べています。

まず、「何を語っているのか」を見ていきます。語り手は、登場人物の「ぼく」です。語られる内容は、ぼくと愛犬のエルフが共に過ごした日々です。幸せな日々に転機が訪れることを予感させるのが次の文です。

いつしか、ときがたっていき、ぼくのせが、ぐんぐんのびるあいだに、エルフは、どんどんふとっていった。

犬は人間の五倍〜七倍の早さで年を重ねていくと言われます。つまりこの一文は、ぼくの成長の喜びとともにエルフの老いを表現しており、何とも切ない思いにさせられます。獣医に「エルフは、年をとったんだよ。」と告げられると、「まもなく」エルフは、階段も上れなくなります。そして、「あるあさ」エルフは死を迎えます。後日談では、隣の子が子犬をくれると言いますが、ぼくはいらないと断ります。なぜぼくはいらないと言ったのでしょう。物語の空所について、子どもは多様に読みをつくるでしょう。ぜひとも問いたいところです。

②物語内容に向き合う

さて、主人公が愛するものを失うという物語内容に、小学一年生の読者はどのような反応を示すでしょうか。子どもが読む絵本には、擬人化された動物が主人公となるものが多くあります。そして、対人物の死を物語の面白さとして享受してきていることでしょう。しかし、本教材の登場人物は、読者と同年齢の子どもとそのペットの犬です。フィクションではありますが、空想的な内容ではなく、現実にあり得そうなお話であるため、自分の生活が重なります。すなわち、小学一年生でありながらも大切なものを失うことに向き合うことができる教材であると言えます。このような物語内容は一年生には重すぎるとして、「大切なものを紹介しよう」という実践も多く見られます。子どもにとって、本当に向き合うことができない内容なのでしょうか。一年生の子どもが、次のような日記を書いたことがありました。

> おじいちゃんがいなくなったよ。わたしはそのぶんがんばるよ。おんがくのはっぴょうは、おじいちゃん、てんごくでみていてね。

大切なものを失うこと。大切なものの老いや衰え、そして死。文学テクストの読みを通して、今ここを精一杯に生きる一年生の子どもに考えさせたいと思います。

ぼくの愛らしい語り口と柔らかなタッチの挿絵に誘われて、子どもはきっとそのことを自分なりに見つめることができるはずです。訳者は久山太市（2020）で次のように述べています。「生ある限り、心から愛し合おう、それは死をもこえて、人生を豊かにしてくれる」。物語内容と真正面から向き合うことを芯に据えて、以降では、この物語がどのように語られ、なぜそのように語られるのかについて分析していきます。

教材研究の目

物語の時間 2

①どのように語っているか

物語は時系列で進行していません。そのことは、冒頭三文の文末から判断できます。

――エルフのことを、はなします。／エルフは、せかいでいちばん、すばらしい犬です。――

――ぼくたちは、いっしょに大きくなった。でも、エルフのほうが、ずっと早く、大きくなったよ。――

はじめの二文は、敬体の現在形で結ばれ、語りの現在がここにあることが示されます。一方、空行を挟んだ三文目は、常体の過去形の文末となっており、語りの現在から過去が回想されます。回想場面で文体が変わるというのは珍しいことです。この局面を捉え、語り手の作為「なぜそのように語るのか」を考えてみましょう。語り手の意図の一つには、ぼくの親しみのある語り口の特徴を表現しやすいということがあるでしょう。「大きくなったよ。」「おもっていたんだね。」など語りには、ぼくの子どもらしさが現れています。語りの現在と語られている過去の間に時間的な隔たりは少ないと考えられ、エルフの亡くなったことについての感情がストレートに現れていると解釈できます。

では、語りの現在が敬体となっていることでどのような効果があるでしょうか。ぼくが聴衆の前でスピーチする様子を思い描くことができた読者は、その効果を感じ取っていると言えます。ちなみに、本教材の原典である絵本では、第三文が「ぼくたちは、いっしょに大きくなりました。」となっています。これが改編されて教材となっているのですが、この改編によって、物語の時間と語りの一貫性が担保されていると言えます。

回想とは、現在の語り手が過去を選び取り、構成して物語る方法です。語り手であるぼくは、エルフの死後、ぼくが他の家族とは違って、エルフに対する愛情を、言葉と行動で送り続けた事実を選び取ります。そして、エルフの死に際しても、「いくらか、気もちがらくだった。」と語ります。エルフの死後、ぼくは家族の誰よりもエルフに愛情と慈しみを注いできた。後悔はない。そのようなことを思い返して語るのです。つまり、ぼくはエルフとの日々を回想することによって、自分自身を慰め、エルフの死の悲しみを浄化していると捉えられます。しかしこれは、他者とは共有できない、あくまで主観的な語りであるとも言えます。エルフと過ごした家族一人一人にも自分の物語はあるのですから。

②語り納め

いつか、ぼくも、ほかの犬をかうだろうし、…（中略）…「ずうっと、ずっと、大すきだよ。」って。

物語の語り納めは、語りの現在に戻ってきた語り手が未来を推し量ります。語りの現在が額縁のように布置されたすわりのよい構造となっています。これによって、読者は再び物語冒頭へ連れ戻されます。ここで一つ問いが立ちあがります。「せかいでいちばん、すばらしい犬」とは何だったのか。子どもにとって素晴らしい犬とは、足が速い、強い、賢い、優しいなどを指し示すでしょう。しかし、ぼくはそのようなことを一切語りません。どこまでも個人的な、ぼくにとっての「すばらしい」であったのです。エルフとの他愛もない日々こそが、ぼくにとってかけがえのないものであったと語っているのです。

教材研究の目

強調表現

3

①なぜそのように語るのか

なぜ、ぼくのエルフへの強い思いが読者に伝わってくるのでしょうか。ここでは、強調表現に着目します。まず、対比的な語り方を見ていきます。ぼくの行為を際立たせるために対置されているのが、家族です。

・にいさんやいもうとも、エルフのことが大すきだった。でも、エルフは、ぼくの犬だったんだ。
・にいさんやいもうとも、エルフがすきだった。でも、すきっていってやらなかった。

家族はもちろんエルフが大好きなのですが、「でも」という逆接の接続詞を用いて、エルフが「ぼくの犬」であることが語られます。この逆接の「でも」は、原典である英語絵本「I'll Always Love You」においては「but」で表現されています。英語絵本からその他の「but」が用いられている箇所をいくつか列挙してみます。

・でも（but）、エルフのほうが、ずっと早く、大きくなったよ。
・でも（But）、エルフは、ぼくのへやでねなくちゃいけないんだ。
・ぼくだって、かなしくてたまらなかったけど（but）、いくらか気もちがらくだった。
・もらっても、エルフは気にしないってわかっていたけど（but）、ぼくは、いらないっていった。
・なにをかっても（But whatever it is）、まいばん、きっといってやるんだ。

心動く場面に必ずと言っていいほど、「but」が用いられています。例えば、「でも、エルフのほうが、……」は、「教材研究の目1」と連動する形で、ぼくの成長との対比によってエルフの老いを強調する語りであると分析できます。「でも（but）」を基点に何と何が対比され、強調されているのかを問うていくことができます。

②原典から

ここまで、原典である英語絵本にふれながら強調表現を見てきました。ここでもう一つ、英語独自のルール「斜体による強調」を見ていきたいと思います。原典の中に斜体で表記されている単語が二つありました。

- My brother and sister loved Elfie very much, but she was *my* dog.
- But she *had* to sleep in my room.

「*my* dog」は、「ぼくの犬だったんだ」と翻訳されています。ぼくが一番愛していることを強調するために「*my*」と斜体で表現されています。「*had* to sleep」は、「ねなくちゃいけないんだ」と訳されています。階段が上れなくなった事実に対して、ぼくの意思が強く表れています。英語には、事実と感想・意見を明確に区別するという言語上の特性があります。その意見の部分が強調されているのです。繰り返しになりますが、一人称のぼくの語りであるので主観的なのです。一年生が読むテクストですので、主観的なぼくの語りにどっぷり浸り、ぼくと同化してよいのです。物語を家族の視点から客観的に捉え直すことは、ここでは不要でしょう。

さて、英語テクストを見ていって気付くのが「she」という表記です。エルフ（訳書では「エルフィー」）は、雌犬なのです。英語では、代名詞で性別を明らかにする必要が生じますが、その点を曖昧にできるのが日本語の特徴です。訳書で「エルフ」の性別表現を明示しなかった意図について、考えてみることもできます。

教材研究の目

語り手になる

4

①子ども自身の語りをつくる

ここまでの教材研究で見出してきたテクストの特質、とくに語りの特徴を踏まえて、一年生の子どものどのような学習を構想できるか考えていきます。はじめに留意したいのが、なぜそのように語ったのかを探る読みは、一年生の子どもの読む能力の発達特性とはかけ離れたものであるということです。住田勝（２０１５）は「作り手との対話」を小学五年生～中学一年生段階で想定しています。しかし、読者はその時を待つまでもなく、語り手と出会い、その企てを楽しんでいます。小学一年生段階から語り手に親しむことはできるのです。そこで、「語り手との対話」の萌芽となる学習として、「語り手になる」という活動を提案します。

本教材では、語りの現在から過去を回想する語りにおいて、時制の変更に伴う敬体と常体の使い分けがありました。これを用いて、子ども自身が人やもの、ことを回想する語りをつくることができます。

語る場については、敬体で統一されていれば音声での語りが考えられます。しかし、本教材は、回想場面が常体であり内向きの語りと捉えられることから、書記テクストとして物語を表現していきます。それを読み合ったり、書いたものを基に実際に語ったりするのです。

語る内容は、本教材に準じ、自分が考える素晴らしいものや「せかいでいちばん」のもの。失ったものや失いたくないものなどを題材とします。

語りは、事実と意見・感想をひとまとまりにしてつくっていきます。「ぼく」の語りの文体においては、事実は夕系列で結ばれ、感想・意見は、「～だね」や「～んだ」のように相手や自身に語りかける語りがされています。これを模倣することができるでしょう。

他方、本教材には会話文は多くありません。「ずうっと、大すきだよ。」が三回と、獣医の「エルフは、年をとったんだよ。」が一度あるのみです。そもそも地の文が、ぼくの独話のように機能していると言えるでしょう。

②訳の使い分け

さて、物語の結びにおいて、鍵括弧で示された強調表現「ずうっと、ずっと、大すきだよ」が題名となっています。原典の題名は、「I'll Always Love You」です。原典では、本文に「I'll always love you」が三度登場しますが、その訳は「ずうっと、大すきだよ」と「ずうっと、ずっと、大すきだよ」で使い分けられています。事後的ですが、題名が「ずうっと、大すきだよ」であると、物足りなさを感じます。題名と結びで「ずうっと、ずっと」と表現を重ねることよって、ぼくのエルフへの思いを強めるとともに、物語の顔としての題名が一層魅力あるものへと昇華していると捉えられます。名訳と言えるのではないでしょうか。

本題に戻ります。物語る力を身に付けていくことは、自分の語りをつくり、自分をつくる営みであると考えます。ぼくの語りに心揺さぶられた経験をそのままに、自分の語りに取り入れてみる。そして、仲間と語り合い、聞き合う中で、語りの面白さを味わい、時に難しさを感じていく。このような経験を通して、本当に自分の内に残ったものが、自分の語りとなっていくのです。

1 教材研究を活かした単元計画と発問・交流プラン

わたしの「せかいでいちばん」を語ろう

POINT ぼくの語りを模倣する

読者は、ぼくの冒頭の語り「エルフは、せかいでいちばんすばらしい犬です。」「ぼくたちは、いっしょに大きくなった。」という敬体、常体の混交文に、一気に引き込まれます。本プランでは、この語りを子ども自身が取り入れ、一人一人の「せかいでいちばん」を物語る活動を構想します。

一次では子どもの「せかいでいちばん」を自由に語り合ったり、**「せかいでいちばんすばらしい犬」とはどのような犬なのか**について、教材文を読む前に想像したりして、単元をスタートします。

二次では、問いの解決を通して、**ぼくの語りを解き明かしていきます**。ぼくとエルフの変化を追ったり、「大すき」が伝わる場面を考えたりすることを通して、ぼくとエルフ、ぼくと家族の対比的表現に気付いていきます。また、ぼくがエルフを「すばらしい」と考える理由や、ぼくの語りの特徴を捉えていく学習活動は、三次でぼくの語りを模倣する時に活かされていきます。

三次では、二次の活動で考えてきた「すばらしい」の捉えや、事実と感想・意見の文の連なり、語りの現在から過去の回想という構造を活かしていきます。ただし、一年生の子どもです。**子どもが語りたいことを語りたい方法で表していくことが最優先**です。物語をつくること。そして、それを仲間に語ったり読んでもらったりするワクワクや喜びを味わうことを通して、**物語の語りに親しむ**ことをねらいとします。

単元計画

次	時	●主な発問〈問い〉 ・学習活動	・留意点
一	1	**●あなたが素晴らしいと感じているものは何ですか。** **●「ずうっと，ずっと，大すきだよ」を読んで，面白かったことや，疑問に思ったことを発表しましょう。**	・幅広い視点で自由に発表させ，肯定的に受け止める。 ・教材を読む前に，「すばらしい犬」とはどんな犬か考えさせてもよい。
	2	**●ぼくが語っていることを真似して，単元の最後に，あなたの素晴らしいものを語り合いましょう。** **●解決する〈問い〉を決めましょう。** ・学習計画を子どもと相談しながら設定する。	・子どもの疑問を整理し，中心となる大きな〈問い〉を複数立てる。
二	3	**●ぼくとエルフはどのように変わっていきましたか。** ・回想場面について，ぼくとエルフのそれぞれや，二人のかかわりの変化をまとめる。	・ぼくとエルフの成長や変化を対比的にまとめていく。
	4	**●大好きが一番伝わってくるのはどこですか。** 交流	・ぼくと家族のエルフへのかかわりを対比させる。
	5	**●ぼくはなぜ素晴らしい犬と言ったのでしょうか。** 交流	・ぼくにとってエルフがかけがえのない存在であったことを捉えさせる。
	6	**●ぼくのお話の仕方で，いいなあと思ったところを発表しましょう。** 交流	・文末表現に着目して，物語の構造や文と文のつながりを考えさせる。
三	7	**●あなたの「すばらしいもの」を紹介する物語を書きましょう。** ・人やもの，ことなど広い視点で語る内容を考える。	・これまでの読みで蓄積してきたぼくの語りの特徴をまとめておき，参考にさせる。
	8	**●つくった物語を語り合いましょう。** **●友達の物語を聞いて，面白かったことを発表しましょう。** 交流	・実際に声に出して語る他に，書いたものを読み合ってもよい。

本時の展開例（第6時）

本時の目標　ぼくの語りの特徴を捉え、自分の語りに用いていこうとする

T1では、まず、物語の語り手が誰なのかを確認します。**「どこで、誰にお話しているのでしょう」**と問いかけることで、実際の語る場や、語る相手が想定できます。語り手と語る場、相手を図などで示してもよいでしょう。次時から行っていく物語づくりと語りの場のイメージをもてるようにします。

T2では、**T1**からの流れで、一場面のぼくの語り始めを対象に、いいなと思ったことを考えさせます。はじめに話したいものやことをはっきり言うこと。それがどのような性質のものであるかについて、自分の考えを述べていることを確認します。

T3では、回想場面の語りを対象にして、子ども一人一人がよさを考え、交流します。ここでのポイントは、二つあります。一つは、子どもの発言がテクストに基づいた具体で述べられるのに対し、**教師の方は抽象度を上げてまとめていくこと**です。本時までに見出してきた、事実と意見や、対比表現、文末などの語りの特徴を想起させながら考えられるとよいでしょう。もう一つは、**それらを三次で活かしていく**という視点です。留意したいのは、**子どもが捉えた語りの特徴を活かす**ということです。ですから、教師が強く引っ張り何かを見出していくことは避けたいです。そのようにして見出したことに子どもは必要感を感じないからです。

T4では、次時から自分の「世界で一番」の物語をつくっていくことを確認します。次時までに、家庭などで取材したり、ワークシートを準備してメモをさせたりしておくとよいでしょう。

本時の流れ

	●主な発問〈問い〉 ・学習活動	・留意点
T1	**●このお話は，どこで誰にお話しているのでしょうか。** C：ぼくがお話している。 C：みんなの前で思い出を語る発表会みたいな感じがする。	・語り手がぼくであることを押さえる。 ・語る場のイメージをもてるようにする。
T2	**●ぼくのはじめのお話の仕方で，いいなあと思ったところはどこですか。** C：一番はじめに，「エルフのことを，はなします。」と言っているから，わかりやすい。 C：その次に，エルフがどんな犬だと思っているのか言っている。	・始めの二文が，敬体で語られていることを押さえる。
T3	**●エルフとの思い出のお話の仕方で，いいなあと思ったところはどこですか。** C：家族よりもぼくの方が大好きだったと言っている。 C：「～だね」「～よね」のように相手に語りかけているような感じがする。 C：二人がどんどん成長したことや，年をとっていくことが書かれている。	・ペア交流や全体場面での意見交流を行い，考えの重なりや相違点を整理する。 ・回想場面は，文末が「た」を中心とした常体で語られていることを捉える。 ・事実を述べる文の後に，自分の気持ちを語る文が続いていることを，具体を示しながら確認する。 ・次時に活かしたい語りの特徴を板書に整理していく。
T4	**●次の時間から，自分が「せかいでいちばん」と思っているものを語っていきます。今日みんなで考えたぼくのお話の仕方を活かしていきましょう。** C：自分が小さいころから大事にしている物を紹介したいな。 C：転校して友達と別れることになったことや楽しかった思い出を語ってみようかな。	・次時に向けて，語りたい内容を発言する機会を設け，見通しをもたせておく。 ・次時までに取材をさせておくとよい。

教材研究を活かした単元計画と発問・交流プラン

2 別れの物語を読み合おう

子どもは絵本を読み、読んだ数だけの**物語の結末**に出合っています。子どもが喜ぶ結末は、事件が解決したり、欠如していたものが補充されたりするお話です。うれしい、幸せな気持ちになれるからです。本教材は、その対極にある**喪失の物語**です。子どもは悲しみとともに、慈しみや感動を味わうでしょう。それは人生を豊かにしてくれるのです。

一次では、そのようなテクストの特徴に鑑みて面白さを交流し、**別れの物語を様々に読んでいくこと**を単元の言語活動に位置付けます。

二次では、登場人物の変容や語りの特徴を押さえつつ、物語の終末に焦点を当てて、〈問い〉を投げかけていきます。本教材は、エルフの死んでしまった後も、「となりの子」とのかかわりの場面が描かれています。さらに、語り納めが題名と一致している特徴があります。**物語の結末部にかかわる〈問い〉の解決**を通して、物語の新たな面白さを見出していくことが期待できます。

三次は、別れの物語を読み合います。別れや旅立ち、死などのテーマは、時には子どもを重い気持ちにさせるかもしれません。しかし、これらの事象を子どもは生活の中で見聞きしていますし、経験していることもあります。**今ここを生きる一年生の子どもの世界の見方や考え方**を、存分に交流し合いたいものです。

POINT

物語の結末の多様な描き方を楽しむ

単元計画

次	時	●主な発問〈問い〉　・学習活動	・留意点
一	1	**●「ずうっと，ずっと，大すきだよ」を読んで，面白かったことや，疑問に思ったことを発表しましょう。**	・物語の面白さを多様な角度から引き出せるとよい。
	2	**●解決する〈問い〉を決めましょう。** ・学習計画を子どもと相談しながら設定する。 ・別れの物語を読み合っていくという見通しをもつ。	・子どもの疑問を整理する中で，エルフの死とぼくのその後についての〈問い〉を立てるようにする。
二	3	**●ぼくとエルフはどのように変わっていきましたか。** ・回想場面について，ぼくとエルフのそれぞれや，二人のかかわりの変化をまとめる。	・ぼくとエルフの成長や変化を対比的にまとめながら，あらすじを捉えていく。
	4	**●ぼくの大好きが一番伝わってくるのはどこですか。**交流	・ぼくと家族のエルフへのかかわりを対比させる。 ・ぼくの語り方の特徴を捉えさせる。
	5	**●なぜ，ぼくは，「いらない」と言ったのでしょうか。**交流	・ぼくの内面を多様に考えさせる。
	6	**●物語の終わり方をどう思いますか。**交流	・題名とのつながりを考えさせる。
三	7	**●別れの物語を読み合いましょう。** ・読み聞かせをしたり，回し読みをしたりして，複数の本を読む。	・別れや死，旅立ちなどのテーマで複数の本を学級に用意する。 ・学校司書と連携したり，地域の図書館のレファレンスサービスを利用したりするとよい。
	8	**●感じたことをカードに書いて，交流しましょう。**交流	・物語の面白さや終わり方，自分の経験について記述する項目を設ける。

本時の展開例（第6時）

本時の目標 テクストの情報を結び付けながら、物語の終わり方について自分の考えをもつ

　本時は、**物語の語り納め**を子どもなりに評価していきます。T1では、**「このお話の終わり方をあなたは、よいと思いますか。それともよくないと思いますか」**と、判断を伴う二択の〈問い〉を提示し、子どもの参加度を上げます。子どもは自分の立場とその理由を話していくことになります。その際、教師がコーディネーターとなり、**根拠となる叙述**を明らかにさせたり、全体で理由を共有したりできるようにします。

　T2は、T1の発言からつなげて「ずうっと、ずっと、……」は、誰に向かって語られているかを考えます。この部分について英語絵本では、「I'll say it I'll always love you.」となっています。「it」が用いられていることから、前出の動物たちに向けられた言葉であることがわかります。一方、訳書ではその部分が曖昧となっています。それが日本語のよさであり難しさであるのかもしれません。**解釈の多様性**に拓かれた表現となっています。

　T3では、題名についての意見を取り上げ、**題名を評価**していきます。よいと言う意見が多いと予想されますが、その理由は様々でしょう。理由や根拠を共有できるようにします。

　T4では、次時以降の見通しをもちます。「物語の語り納め」や「題名」といった本時とのつながりを意識して、物語を読み味わっていけるようにしましょう。

本時の流れ

	●主な発問〈問い〉 ・学習活動	・留意点
T1	**●このお話の終わり方をあなたは，よいと思いますか。それともよくないと思いますか。** C：「ずうっと，ずっと」と二回言っているのが，ぼくの気持ちが伝わってきてよいと思う。 C：「って。」という終わり方が，いい気がする。 C：題名と同じ言葉で終わっているのがいい。 C：何かすっきりしない感じがするのがよくないと思う。	・「いつかぼくも，」からの本文を拡大して掲示する。 ・理由を尋ねることで，テクストのどの部分が根拠になっているのかを明らかにする。
T2	**●「ずうっと，ずっと，……」は，誰に言っているのですか。** C：エルフに言っている。何を飼ってもエルフのことを忘れないよと言っていると思う。 C：これから飼うかもしれない動物に言っている。「きっと，いってやる」は，もし飼ったらということを言っていると思う。	・「ずうっと，ずっと，……」についての意見を取り上げ，発問につなげる。 ・ペア交流や全体場面での意見交流を行い，考えの重なりや相違点を整理する。 ・どの考えも尊重し，理由を共有できるようにする。
T3	**●この題名はよいと思いますか。** C：ぼくがエルフに一番伝えたかったことが題名になっていていい。 C：最後の一文とあっていて，最初と最後で挟んでいるのがいいと思う。	・題名にふれた考えを取り上げ，発問につなげる。
T4	**●次の時間から，お別れをテーマにした絵本を読んでいきます。お話の終わり方や題名についてどのように感じたか意見交流していきましょう。**	・次時までにテーマに沿った複数の絵本を用意しておく。

教材研究の目

ロシア民話「おおきなかぶ」の概観 1

①教材としての「おおきなかぶ」

「おおきなかぶ」はロシアの民話です。教科書教材として一九五六年に採用され（初出　学校図書「大きなかぶら」）一九七〇年代から国語科を扱う全社の教科書で一年生の教材として掲載されています。そのため、ロシアの民話でありながら多くの日本人が知っている国民的なロングラン教材と言えるでしょう。

ロシアで語り部によって口から口へと語り継がれてきた話を、採話者が各地を歩いて集録し再話したものです。現在教材として採用されているものには二種類あり、一つはトルストイの再話を翻訳した内田莉莎子版（佐藤忠良　絵）で学校図書・東京書籍・教育出版に掲載されており、もう一つはアファナーシェフの再話を翻訳した西郷竹彦版（ヴェ＝ローシン　絵）で光村図書に掲載されています。内田訳は『おおきなかぶ』（「こどものとも」傑作集七四号　福音館書店）として一九六六年に日本ではじめて絵本として出版され、西郷訳は『おおきなかぶ』（『文学読本はぐるま』部落問題研究所）として一九六七年に絵本として出版されたものがもとになっています（教科書掲載時に一部改編されたものもあります）。

この教材が子どもたちを惹きつけるのは、そのリズム感と繰り返しの面白さゆえでしょう。おじいさんが「あまい　おおきなかぶになれ。」という願いをこめてかぶをうえ（種をまき）、大きく育ったかぶを登場人物が次々に加わって力を合わせて抜く。繰り返される「うんとこしょ、どっこいしょ」のかけ声は一生懸命さと力を合わせる楽しさを表し、すでに子どもの生活の中にも入り込んでいます。やっと（とうとう）かぶが抜けた時の爽快感は、大きなかぶを手に入れたという喜びとともに仲間と力を合わせたことによって増幅されます。

稲田八穂（2010）は、この作品について、「繰り返しの面白さを楽しみながら、遙か昔から人々がこのように願って働き、生産の喜びを分かち合い、確かに生きてきたことを、その子どもの年齢や能力に応じて感じ取ることができる作品だ。」（24頁）としています。ロシア語版の絵本では、韻を踏んだ歌のような表現になっているものもあり、入門期の教材として、読む愉しさ、語る楽しさを存分に味わえるように学習活動を設定したいものです。

②二つの「おおきなかぶ」

前述したように、現在教科書に掲載されている「おおきなかぶ」には、違う訳者の二つの作品があります。

・内田莉莎子訳・佐藤忠良絵
（トルストイの再話・「こどものとも」傑作集七四号（1966）福音館書店）
・西郷竹彦訳・ヴェ＝ローシン絵
（アファナーシェフの再話・『文学読本はぐるま』（1967）部落問題研究所）

この二つの作品については、訳へのスタンス、構成、表現、挿絵など様々な観点から比較論が展開されてきました。もともと、再話の原文が違うわけですが、原文のニュアンスに近い「自然」な表現になっているのが内田訳であり、西郷訳では「子供たちに劇遊びさせたり動作化させたりするときには、西郷再話の順序が動きに沿っていて自然ではないかと考えています。」と西郷自身が語っているように、教材であることへの配慮が強く現れています。本書では、どちらの作品にもふれ、時には比較しながら、その作品の特徴を大事にした教材分析の観点について解説していきます。

教材研究の目

繰り返しの構造

2

①変化をともなう繰り返し

「おおきなかぶ」は、繰り返しの構造になっていることが特徴の一つです。「あまい、げんきのよい、とてつもなくおおきいかぶ」（内田訳）、「あまいあまい、おおきなおおきなかぶ」（西郷訳）はその元気さゆえ、大きさゆえになかなか抜くことができません。おじいさんがかぶを抜こうとして抜けず、おばあさんを呼びに行ったことから繰り返しがスタートします。

—おじいさん → おばあさん → まご → いぬ → ねこ → ねずみ—

と、呼びに行く相手は小さい者へと変化していきます。しかし、一方で共通することがあります。

—呼んでくる → 一緒に引っ張る → うんとこしょ、どっこいしょ → 抜けない →—

このパターンは共通して繰り返されています。この共通点が繰り返されるからこそ、次は誰を呼ぶのだろう、いつ抜けるのだろう、という期待感が高まります。一年生の子どもたちにとっても、この共通点を見つけることは容易です。教材文の中の表現の着目しながら、共通した表現を抜き出すことができるでしょう。

②共通の表現

（内田訳）

・〜〜〜は、〜〜〜〜をよんできました。
・〜〜〜〜が、〜〜〜〜をひっぱって、
〜〜〜〜が、〜〜〜〜をひっぱって、
・「うんとこしょ、どっこいしょ。」
・〜〜〜〜、（かぶは）ぬけません。
（ぬけました。）

（西郷訳）

・〜〜〜は、〜〜〜〜をよんできました。
・〜〜〜〜を〜〜〜〜がひっぱって、
〜〜〜〜を〜〜〜〜がひっぱって、
・「うんとこしょ、どっこいしょ。」
・〜〜〜〜、かぶはぬけません。
（ぬけました。）

これらが共通しているにもかかわらず、場面の展開に沿ってその意味合いは変化していきます。同じ「うんとこしょ、どっこいしょ。」であっても、おじいさんだけが引いている時と、おじいさんとおばあさんが引いている時と……ねずみまでの六人で引いている時とでは、その意味合いは違うはずです。また、「〜〜〜〜、かぶはぬけません。」という語りに込められた思いも展開ごとに変わってくるはずです。こういった共通点を抜き出したうえで、場面が展開していくごとに、どのように音読したらよいか考えることで登場人物の感情の高まり読むことができるでしょう。「登場人物が増えているからもっと大きな声にしよう」「人数が増えても抜けないから、登場人物はもっともっと必死で引っ張るのではないかな」と言葉による見方・考え方を働かせながら、実際に声に出したり、動作を交えたりして楽しく音読を工夫することができるでしょう。

このように繰り返しの構造に内在する変化と共通点に着目することで、主体的に読む姿が期待できます。

教材研究の目 3 語り①

本教材の特徴として、セリフが少ないことが挙げられます。出てくるセリフはおじいさんのセリフの「あまいあまいかぶになれ。おおきなおおきなかぶになれ。」と、かぶを引っ張る時のかけ声「うんとこしょ、どっこいしょ。」の二つだけです。そんな中で、語り手もまた、登場人物の心情を語ることをしません。一貫して、出来事や状況を端的に説明する語りが続いていきます。しかし、そのような語りでも、登場人物のかぶを抜きたいという次第に高まっていく思いや、かぶが抜けた喜びが伝わってきます。それはなぜでしょうか。

一つの要因として、「「うんとこしょ、どっこいしょ。」ところが、かぶはぬけません。」と、抜こうと努力しても抜けないことを語る語り手の傍線部の表現の効果が挙げられます。「〜〜〜、かぶはぬけません。」の「〜〜〜」の部分が場面を追うごとにどのように表現されているか見てみましょう。

(内田訳)
ところが → それでも → まだ まだ → まだ まだ まだ まだ → それでも → やっと
(西郷訳)
けれども → それでも → やっぱり → まだまだ → なかなか → とうとう

汐見稔幸(2001)は、内田訳について次のように述べています。

前の「まだ　まだ」とあとの「まだ　まだ　まだ　まだ」は単なる残念さの違いというよりは「これだけがんばっているのにまだできない！」ということを強調する度合いの違いといってよいと思う。だから、そのあとの段落で「それでも　かぶはぬけません」というときの「それでも」は、「まだ　まだ　まだ」を受けた上で、あれだけがんばって、さらにもう一回やったのに、それでもまだ抜けない！という意味になっていて、先行する語の意味を吸い取っている。この「それでも」は最初の「それでも」とはかなり強調の仕方を変えねばならない。(36頁)

内田訳のこの部分の語りは、その構造自体によって、力の入れ方がいかにエスカレートしているのかを伝える手掛かりを与えているのではないでしょうか。二番目の「それでも」と五番目の「それでも」の音読の仕方の違いをみんなで検討するなどの問いが考えられます。最後の「やっと」には、かぶが抜けた瞬間六人がへたり込むような、それほどの困難な仕事だったというニュアンスが伝わります。

西郷訳は、四文字の接続詞で構成させており、リズムを統一しているところに特徴があります。「やっぱり」は、まごが手伝ったがまごの手伝いだけではどうにもならないだろうと初めから期待していなかったというニュアンスがあり、この語り手は登場人物に寄り添うというよりも、少し客観視している第三者の語り手であるとも読めます。「まだまだ」「なかなか」「とうとう」という展開には、かぶは少しずつかたむき、最後にとうとう完全に抜けたとも感じさせます。

声に出し、動作をしながら語りのニュアンスを感じ取ることで、表現の面白さに気付くことができるでしょう。

教材研究の目 4 語り②

①かぶを引っ張る人物を説明する順序

内田訳と西郷訳の大きな違いとして、かぶを引っ張る人物を説明する順序が挙げられます。おじいさん、おばあさん、まごの三人で引っ張る場面の語りを比べてみましょう。

（内田訳）
まごが、おばあさんを　ひっぱって、
おばあさんが、おじいさんを　ひっぱって、
おじいさんが、かぶを　ひっぱって、

（西郷訳）
かぶを　おじいさんが　ひっぱって、
おじいさんを　おばあさんが　ひっぱって、
おばあさんを　まごが　ひっぱって、

内田訳では、呼ばれてきたばかりの小さい者からスタートし、「～が、～をひっぱって」と語られ、最後はおじいさんがかぶを引っ張る、という順になっています。それに対して西郷訳では、かぶからスタートし、「～を～がひっぱって」と語られ、最後に呼ばれてきたばかりの小さい者になる、という順になっています。つまり、語り手の視点が、内田訳では小さい者からスタートして最後はかぶへ、西郷訳ではかぶからスタートして最後は小さい者へと動いていきます。これについて、西郷（２００５）は次のように述べています。

この民話は、最後に小さなねずみが登場してかぶが抜けるというところに感動の中心があります。つま

り、小さな存在の大きな役割をクローズアップしたところにあります。そのねずみのイメージを引き立てるために、かぶが抜ける直前にねずみが引っぱったほうがより効果的です。（51頁）

②それぞれの訳に合わせた学習デザイン

西郷訳はかぶを中心とした絵に寄せて語っていること、また、子どもたちが劇遊び動作化をする際に自然な動きができるようにと考えられていることがわかります。最後の最後に小さいねずみの力が加わった時にかぶが抜けることを強調することで、小さい者の力の価値や協力することの大切さを読み取らせたいという意図が伝わってきます。

それに対して、内田訳は呼ばれてきた新たな登場人物から説明をスタートすることで、語りにギャップが生まれず、わかりやすい展開になっています。また、ロシア語の原文に忠実なのはこちらの方で、ロシア語では、韻を踏んだ、歌のような表現になっていて、「まごがおばあさんを引っ張る→おばあさんがおじいさんを引っ張る」のように前の文の最後の言葉を次の文の最初の言葉にもってきて、しりとりのように語られているのが特徴です。主語、目的語、述語という流れも自然で、一連のつながりをイメージしやすく、声に出してリズムよく読めるのは内田訳と言えそうです。

このような見方をすると、西郷訳では劇遊びや動作化を中心にねずみの力、小さい者の力の価値を読むような問いを組み合わせて学習をデザインすることが考えられます。また、内田訳では、音読を中心として「教材研究の目2」で述べた「それでも」や「うんとこしょ、どっこいしょ。」の、場面による音読の仕方の違いに焦点を当てて登場人物の心情を読むような学習デザインが考えられます。

このように、ストーリーは同じでも語りによって創出される読みが違ってくることがわかります。

教材研究の目 5 空所

①どうしておおきなかぶになったのか

「おおきなかぶ」を一読した子どもたちから、しばしば聞かれる疑問として、「どうして、おおきなかぶになったのか」があります。冒頭のおじいさんの言葉「あまいあまいかぶになれ。おおきなおおきなかぶになれ。」の直後に「あまい、げんきのよい、とてつもなくおおきいかぶができました。」（内田訳）、「あまいあまい、おおきなおおきなかぶになりました。」（西郷訳）と唐突に語られているからでしょう。確かに、その間に何があったのかが語られていないため、これは空所と言えるかもしれません。これについて、中村（２００１）は次のように述べています。

> まず、第一のまじない（呪文）めいた言葉は、確かに一種のアニミズムと見なしうる。蕪の巨大化は、このまじないの実現として現象したと言えるからである。しかし、栽培作物の成長を言葉に出して願うのは、素朴な感覚として奇異ではない。おじいさんは単なる人であって魔法使いではなく、この言葉で蕪に魔法をかけたわけではない。すなわちこれは、蕪の巨大化が呪文の超常的な実現としてなされたという筋に重点が置かれた物語ではない。（９頁）

この大きなかぶを抜くのにねずみの力まで借りるおじいさん、という文脈から、どう考えても普通の農夫であり、純粋に作物の成長を願ったと考えられます。おじいさんが肥料や水をやり精一杯の愛情を注いだ結果、とてつもなく大きくて元気のいいかぶに育ったと考えるのが正当で、多様な解釈が可能な空所ではありません。

②なぜ、次々とみんなが自分より小さく弱い者を呼んだのか

次に、子どもから出てくる疑問として「なぜ、次々とみんなが自分より小さく弱い者を呼んだのか」という疑問があります。この疑問は確かに作品の仕掛けにかかわる疑問であり、要点駆動の読みを引き出す空所となります。これについて、中村（２００１）は次のように述べています。

すなわち、一人では容易に成就しえない事業を、より弱小な者へと受け渡される連係プレイによって協力し、これを成就するということ。また、そのプロセスにおいて、人間のみならず動物を含めた一切衆生が、世界の存在者の連鎖を作り出し、その中で確実に位置を占めていること。（中略）砕いて言うならば、一人でできないことも大勢で協力してやればできるし、そのような大勢は皆仲間なのだという教訓的メッセージである。（21頁）

力持ちの大男を呼んできて、一度でかぶが抜けたら読むべき要点が失われます。人間も動物も一緒に力を合わせること、小さき者の力でかぶが抜けるという大きな変化が生まれることに意味があると言えるでしょう。登場人物全てに固有名詞が与えられないことも世界のメタファーと言えるかもしれません。しかし、「なぜ、次々とみんなが自分より小さく弱い者を呼んだのか」を問いとしても、一年生には容易には答えられません。語られ方に関する見物人的スタンスに向かう問いだからです。むしろ、動作化してイメージしながら、どうしてかぶが抜けたのか、誰のおかげで抜けたのか、と参加者的スタンスに誘うことで、この疑問が解決されると考えます。低学年の学習者に空所を問う時には、こういった参加者的スタンスに誘う配慮が必要なのです。

教材研究の目 6 挿絵

現在教科書で扱われている挿絵は、内田訳版は佐藤忠良により、西郷訳版はロシアの画家ヴェ・ローシンによります。内田訳版については、福音館書店刊行の絵本（1966年発刊）からの引用です。描きおろしの絵を使っているものもあります。絵本版では文字が横書きですが、教科書版では文字が縦書きになっているため、絵本の絵を反転させて掲載している教科書もあります。西郷訳版については、光村図書が「ロシアの風土で、世代から世代へ受け継がれた民話を、日本の児童が想像豊かに味わい、ロシア民話の醍醐味を満喫するためにも伝統と風俗をふまえたソ連の画家による挿絵が必要である」として画家に依頼したオリジナル版です。ヴェ・ローシンの絵で特徴的なのは、かぶが黄色いことです。スエーデンが原産で北欧やロシアで栽培されている品種のかぶだそうです。また、ヴェ・ローシンの絵では、おばあさんとまごが色鮮やかなロシアの民族衣装を着ています。かぶの黄色と民族衣装の鮮やかな色が相まって、異国情緒が漂います。

内田訳版の福音館書店の絵本では、一頁目は、おじいさんが土に植えてある小さいかぶを腰をかがめて見ている絵となっています（教科書には掲載されていません）。それに対して西郷訳版の最初の絵は、おじいさんが腰をかがめて、畑に指で穴を空けて種をまいている様子が描かれています。これが、「おじいさんが、かぶをうえました。」と「おじいさんが、かぶのたねをまきました。」のテクストの違いを表しています。内田（1983）は、その件について次のように語っています。

―まくとうえるではまったく違います。まくというのは複数の種子をばらばらとまくことでしょう。でも、―

うえるは、ひとつずつ土の中に埋め込むことです。ぱらっと種子をまいて、どうしてとてつもなく大きなすてきなかぶが育つでしょうか？　おじいさんが愛情をこめて一つぶの種子をうえた、となぜ考えられないのでしょうか。原文は、おじいさんが一つのかぶをうえました、となっています。（233頁）

確かに、内田訳版では、小さなかぶが一本だけ描かれているのに対して、西郷訳版では、畑にたくさんの穴が空いており、たくさんのかぶの種を「まいた」ことがわかります。日本では一般的にかぶはそのように育てる作物です。そう考えると、西郷訳版の教科書を読む子どもはたくさんのかぶが育つことを想像する可能性があるし、内田訳版の「うえる」からは、大して大きくない土地にかぶを植えてみんなで大切に育てる、という印象をもつかもしれません。岩崎保（1992）は、「教材は、教科書のための西郷氏の「忠実な訳よりも常識的な日本語表現」を考えた再話の書き下ろし」（43頁）と表現しており、教科書教材であることを強く意識しているものと考えられます。挿絵一枚で、つくられる読みは変わってくる可能性があることがわかります。

内田訳版の絵本にはあるけれど、教科書の挿絵として採用されていない絵に、かぶが抜けないとわかった後に、小さい者を呼びに行くシーンがあります。学校図書版の学習指導書には次のような記載があります。

この物語では、先の登場人物が次の登場人物を呼びに行ったときに、どんな会話を交わしたか、という空所が考えられる。この空所をうめるためには、場面の様子や登場人物の気持ちを想像することが必要である。（273頁）

劇をする際に空所として子どもたちに立ち上がる可能があり、想像が膨らむ場面です。

1 教材研究を活かした単元計画と発問・交流プラン

「おおきなかぶ」を読んで、音読劇をしよう

POINT 音読劇に向けた〈問い〉を設定する

「おおきなかぶ」は、物語教材の入門期として、音読に親しむことに適した教材です。音読を題材にすることで、一年生の子どもたちは声を出したり身体を動かしたりしながら、楽しんで学習することができます。自身の解釈に基づいて、**語りと会話文の読み方を考え、交流することで多様な考えにふれさせていける**ようにします。そのため、**音読の工夫を考えることができるような〈問い〉**を設定し、音読劇を通して、音読の楽しさを実感してほしいと思います。

一次では、挿絵の並べ替えをしながら話の内容を捉えます。また、登場人物の定義を押さえ、出てくる順番を確認します。

二次では、〈問い〉を通して、音読の工夫を考えていきます。例えば、「おおきなかぶ」の特徴の一つである、繰り返しの言葉に着目させ、**同じ言葉でも、音読の仕方に違いがあること**に気付かせます。登場人物の人数や、気持ちが変わっていくため、音読の仕方にも変化が見られるといった具合です。

三次では、学習してきた音読の工夫を思い出しながら、音読劇をします。音読劇の後には、友達同士で感想を伝え合ったり自分の音読を振り返ったりすることで、単元の学習をまとめます。

単元計画

次	時	●主な発問〈問い〉　・学習活動	・留意点
一	1	**●「おおきなかぶ」を読んで，感じたことや不思議に思ったことを書きましょう。** ・挿絵を並べ替えて，話の内容を捉える。	・音読劇に向けての，見通しをもたせる。
	2	**●どのような話か確認しましょう。** ・登場人物，出てくる順番を確認する。 ・いくつか繰り返しの言葉があることに気付く。	・登場人物の出てくる順番が，段々小さくなっていることにふれる。
二	3	**●最初と最後の，「うんとこしょ，どっこいしょ。」は，どう読みますか。** 交流	・かぶを引っ張る人数や，気持ちの強さによって，読み方が変わることに気付かせる。
	4	**●「やっぱり，かぶはぬけません。」は，どう読みますか。** 交流	・「やっぱり」という言葉から，諦めかけている様子を捉えさせる。
	5	**●ねずみが登場した後，六回出てくる「ひっぱって」は，どう読みますか。** 交流	・かぶを引っ張る人数や，登場人物によって，読み方に違いがあるのか考えさせる。
	6	**●かぶが抜けた時，おじいさんは，誰に，どのような言葉を伝えるでしょうか。** 交流	・感謝の言葉をみんなに伝えるのか，ねずみに伝えるのか交流していく中で，協力することのよさや，小さな存在の大切さにふれる。
三	7	**●音読劇をしましょう。** 交流 ・音読の仕方を考えて，音読劇をする。 ・友達の音読を聞き合い，感想を伝え合う。	・音読を友達同士で聞き合い，頑張ったところやよかったところを発表させる。

※西郷訳の教材文を使用する。

本時の展開例（第4時）

本時の目標　「やっぱり、かぶはぬけません。」の音読の仕方を考えることで登場人物の心情を考える

T1では、「○○○○、かぶはぬけません。」の空欄に、何の言葉が入るか問いかけることで、六回繰り返されていることや、「けれども」「それでも」などの接続詞や副詞が異なることに気付かせます。また、書かれた順番を確かめることで、〈問い〉を考える土台を揃え、本時の〈問い〉を投げかけます。

T2では、**「けれども」「それでも」の叙述と、「やっぱり」の叙述の気持ちの違い**を捉えさせます。「けれども」「それでも」などの接続詞は、かぶを引っ張ることに前向きな姿勢があるように感じますが、「やっぱり」の時は、諦めかけているような、後ろ向きの姿勢が感じられます。この違いを捉えることで、「やっぱり、かぶはぬけません。」の叙述は、小さい声や低い声、がっかりしたような気持ちを込めて読むことができると考えます。

T3では、自他の考えを交流することで、多様な考えがあることに気付かせます。低学年は、身体を実際に動かしたり、ペープサートなどを動かしたりして音読する方法が考えられます。子どもたちは、**交流を通して多様な考えにふれること**で、自分の考えを再構築していくことができると期待できます。

T4は、最終的な自分の考えを決め、音読します。「なかなか」「まだまだ」「とうとう」の音読の工夫にふれてもよいでしょう。

本時の流れ

	●主な発問〈問い〉 ・学習活動	・留意点
T1	**●「○○○○，かぶはぬけません。」の空欄には，どのような言葉が入るでしょう。** C：おじいさんが引っ張った後は，「けれども」が入る。 C：まごと引っ張っても抜けなかった時は，「やっぱり」が入る。 C：六回繰り返されていて，全て違う言葉が入っているね。	・教師が範読する間に，どのような言葉が入るのか見つけさせる。 ・「○○○○，かぶはぬけません。」の叙述が，六回繰り返されていることに気付かせ，「けれども」「それでも」などの接続詞や副詞の順番を確認する。
T2	**●「やっぱり，かぶはぬけません。」は，どう読みますか。** C：「それでも，かぶはぬけません。」の繰り返しだから，同じように読む。 C：かぶを引っ張る人数が増えているから，大きな声で読む。	・「けれども」「それでも」などの叙述が出てきた場面について，前後の叙述や挿絵から状況を押さえ，「やっぱり」との違いを捉えさせる。
T3	**●「やっぱり，かぶはぬけません。」の読み方を，交流しましょう。** C：「けれども」と比べて，諦めている感じだから，小さな声で読む。 C：まごも一緒に引っ張ったのに抜くことができなくて，がっかりした感じで読む。 C：何度引っ張っても抜くことができなくて，悔しい感じで読む。	・読み方と一緒に，その理由や，挿絵や叙述を基に根拠を述べさせる。 ・グループなどの少人数で交流後，全体でも共有する。 ・同じ叙述でも，読み方が違ったり，理由が違ったりと，多様な考えがあることに気付かせる。
T4	**●最終的な自分の考えを決め，その読み方で音読しましょう。** C：（落ち込んでいるように）「やっぱり，かぶはぬけません。」 C：（がっかりしたように小さな声で）「やっぱり，かぶはぬけません。」	・学習の最後に，自分の考えた読み方で音読する。 ・「なかなか」「まだまだ」「とうとう」の音読の仕方についてふれてもよい。

教材研究を活かした単元計画と発問・交流プラン

2 比べて読もう「おおきなかぶ」

POINT

比べることで作品のテーマに迫る

「おおきなかぶ」の作品の特徴として、繰り返しの構造が挙げられます。「教材研究の目2」でも述べたように、**繰り返し構造の作品には、繰り返される部分に共通することと変化することがあります。**一次では、繰り返しの場面を比較することで、共通することと変化することを見つけます。共通することである「ひっぱって、」「うんとこしょ、どっこいしょ。」の音読の仕方を考えることで、**同じ言葉が繰り返されているにもかかわらず、登場人物の心情は変化していくこと**を読み取ります。変化することとしては、登場人物がどんどん増えていくことは容易にわかるでしょう。また、「〜〜〜、かぶはぬけません。」の「〜〜〜、」の部分の語りの変化に着目することで、**登場人物のかぶを抜きたい思いの高まり**を読むことができます。

二次では、訳者の違う作品に出合わせます。これまで読んできた作品に親しんでいる子どもたちは、その違いを敏感に察知するでしょう。二つの作品の最終場面を劇遊びすることで、**かぶを抜く登場人物の説明の順序が違うこと**や**「やっと、かぶはぬけました。」**と**「とうとう、かぶはぬけました。」の語りの違い**に気付かせます。これらの学習を通して読んできたことを基に「誰の力でかぶは抜けたのか。」を考えさせます。二つの作品で違うと考える子どもがいるかもしれません。また、**力を合わせることの大切さ、小さい者の力の価値**など、それぞれが自分なりの意味付けで、この作品のテーマに迫っていくことが期待できます。

単元計画

次	時	●主な発問〈問い〉 ・学習活動	・留意点
一	1	**●内田訳の「おおきなかぶ」を読んで，挿絵を並べ替えましょう。** ・登場人物，出てくる順番，出来事を確認する。	・挿絵や登場人物の絵を使いながら，登場人物や出来事の順序を確認する。
	2	**●繰り返しの場面を比べて，同じところ，違うところを見つけましょう。** ・同じところ，違うところを色分けする。 **●どのように変わっていきますか。** 交流	・登場人物，セリフ，表現の共通点や相違点に気付かせる。
二	3	**●「うんとこしょ，どっこいしょ。」「ひっぱって」はどう読みますか。** 交流 ・声の大きさ，抑揚などの違いから，どうしてそう読みたいのか話し合う。	・場面を追うごとに変化していくことに気付かせ，登場人物の心情を考えさせる。
	4	**●二つの場面の「それでもかぶはぬけません」の「それでも」はそれぞれどう読みますか。** 交流 ・どうしてそう読みたいのか話し合う。	・その間の「まだまだ」「まだまだまだまだ」についても考えさせる。
	5	**●（西郷訳の「おおきなかぶ」を読み聞かせ）違うところはどんなところですか。** 交流 ・気付いたことを自由に発表する。	・登場人物の説明の順番が違うこと，「～～～，かぶはぬけません（ぬけました）」の表現の違いに気付かせる。
	6	**●内田訳と西郷訳の最後の場面の劇遊びをしましょう。** **●誰の力でかぶが抜けたでしょうか。** 交流	・演じることで，順番や表現が違うとどのような違いがあるのか感じ取らせる。
三	7	**●お話の好きなところを伝え合いましょう。** 交流 ・好きなところを絵や文で書いて伝え合う。	・二つの作品を通して，一番好きなところと簡単な理由を紹介し合う。

本時の展開例（第6時）

本時の目標　二つの「おおきなかぶ」を演じてみることで、かぶが抜けた要因を考える

T1では、内田訳と西郷訳の両方の最後の場面を音読します。**最後の場面に絞ることで、違うところを比較しやすく**します。また、違いがわかりやすいように、上下に本文を並べたワークシートを用意するとよいでしょう。

T2では、内田訳と西郷訳の両方の最後の場面をグループで劇遊びをします。登場人物役、語り手役を決めて、実際に動きを付けて演じてみることで、説明の順序の違い、主語＋目的語＋述語と目的語＋主語＋述語の**語感の違いを実感を伴って感じ取る**ことができるでしょう。

T3では、T2で劇遊びを通して感じ取ったことを基に、**誰の力でかぶが抜けたのか**について考えを交流します。みんなの力を合わせたおかげと考える子ども、最後に加わったねずみの小さい力のおかげと考える子ども、かぶの一番近くでずっとかぶを引っ張り続けてきたおじいさんだと考える子どももいるでしょう。多様な考えが出てくることを期待します。内田訳と西郷訳ではつくられる読みが違ってくることが考えられます。その子なりの簡単な理由付けができるのが理想です。

T4では、内田訳と西郷訳の二つから、自分が好きな方を選んで音読をします。本時学習してきたことのまとめとして、自分の読みを音読で表現します。どうしてそちらを選んだのか、どんなふうに表現したいのかを友達に話すことができるのが理想です。

本時の流れ

	●主な発問〈問い〉 ・学習活動	・留意点
T1	**●二つの「おおきなかぶ」の最後の場面を読みましょう。** C：違うところがあるね。 C：ちゃんとかぶが抜けたのは同じだね。	・最後の場面を並べて比較しやすいように板書用と手元用を提示する。
T2	**●二つの「おおきなかぶ」の最後の場面をグループで劇遊びをしましょう。** C：かぶをおじいさんが引っ張るところからスタートするのと，ねずみからスタートするのが違うから，動き方が違うよ。 C：「やっと」と「とうとう」が違うから演技の仕方も変えた方がいいね。 C：「やっと」の方はみんな倒れると思う。「とうとう」は喜ぶ感じがする。	・役割を決めて，実際に動作をしながら音読する。 ・二つとも演じて，その違いを感じ取るように働きかける。
T3	**●誰の力でかぶが抜けたと思いますか。演じてみて感じたことから考えましょう。** C：私はねずみのおかげだと思いました。だって，ねずみが引いたおかげで抜けたから。 C：おじいさんのおかげだと思う。だって，おじいさんがかぶに一番近いところにいるから。 C：みんなの力だと思う。	・演じてみた実感を基に考えさせる。 ・そう考える理由を簡単に話させる。 ・ワークシートに記入した後，学級全体で交流する。 ・意見を分類して板書する。
T4	**●自分の好きな方を，気持ちをこめて音読しましょう。** C：Aがいいな。だって，リズムよく読めるから。 C：Bがいいな。「とうとう」の方がうれしそうだから。	・本時の学習で考えたことが表れるように音読する。

小学2年

物語の教材研究
&授業づくり

教材研究の目

人物の設定

教材文：『こくご二上　たんぽぽ』光村図書（令和二年度版）より引用

①設定をきちんと読む

冒頭の四つの文で、主人公スイミーが設定されます。ここで注意したいのは、一匹だけ体が真っ黒であるという描写から、「スイミーはいじめられていたのではないか」と考える子どもが意外と多いことです。そのような声があれば、もう一度読み直すことを促し、その読みは成り立たない（誤読である）ことを確認したいところです。スイミーは「たのしくくらしていた」のです。

また、初読段階では、この小さな魚の兄弟たちと、後に登場する岩陰の赤い魚たちを混同する子どもたちもたくさんいます。しかし、これもテクストを注意深く検討することで、誤読であることが確認できるはずです。

――そのとき、岩かげに…（中略）…スイミーのとそっくりの、小さな魚のきょうだいたちを。――

「スイミーのとそっくりの」に着目し、スイミー**の**（兄弟たち）とそっくりの小さな魚の兄弟たちを見つけたという文脈は確認したいところです。スイミーのもともとの兄弟たちは、まぐろが「一ぴきのこらずのみこんだ」のです。このような人物の設定をしっかり押さえておくことは、読みを交流するために前提となる重要な活動です。

②まぐろと大きな魚

また、人物とは認定しがたいところですが、「まぐろ」と「大きな魚」の違いにも留意が必要です。スイミーの兄弟たちを飲み込んだのは「まぐろ」ですが、スイミーたちが追い出したのは「大きな魚」です。子どもたちは、わかりやすいストーリー構成が大好きです。仲間たちを飲み込んだ「憎っくき、まぐろ」をやっつけた話という復讐譚としてこの物語を捉えたがります。最後の場面で、冒頭のまぐろを追い出したと無自覚に読むことがありますが、スイミーが追い出したのはまぐろとは限定されません。最後の一文は次のように書かれています。

——あさのつめたい水の中を、ひるのかがやく…（中略）…大きな魚をおい出した。——

スイミーが新しい仲間たちと追い出したのは、「大きな魚」です。まぐろに限らず、自分たちの生存の脅威となる大きな魚を追い出したのです（原文では、a tuna fish / the big fish と書き分けられています）。しかも、それは朝も昼もなのです。たった一回、たった一匹を、ましてや特定の相手を追い出したとは考えにくいでしょう。このことから、スイミーたちは、より恒常的な自由を手に入れたと考えられます。実際に、原作の絵本には、教科書に採録されている挿絵の他に、もう一枚の絵が添えられていて、最後には、スイミーと仲間たちから逃げる大きな魚の尾ひれが二つ描かれています。

教材研究の目 絵から読む 2

①絵本の特性

スイミーたちが追い出した「大きな魚」が複数いるという情報は、読みに影響を与える重大な要素を含んでいます。しかし、それは文字情報としては、明記されていません。絵本作品は、非文字情報（絵）と文字情報の総合芸術です。文字から読み取ることと同様に絵から読み取れることも検討しなくてはなりません。中西千恵（２００１）は、「絵と文を切り離しては考えられない。絵と文でひとつの表現として成り立つのである」（60頁）としています。「大きな魚」が複数いるということは、その典型的な例と言えます。

また、三場面で出会う「おもしろいもの」は、その色の鮮やかさや形の面白さ、様態の不思議さが絵によって表現されています。教科書には、全ての絵が採録されているわけではないので、黒板に拡大掲示をしたり、モニターに映したりして、絵本を補助教材として活用する必要がありそうです。スイミーは暗い気持ちで海の旅を始めました。しかし、そのスイミーが旅の末に出会った新しい仲間に、「おもしろいものがいっぱいだよ」と言います。虹色のくらげ、水中ブルドーザーみたいないせえび、糸で引っ張られているような魚たち…それら一つ一つとの出会いがスイミーを元気にしたのです。スイミーとともに、絵で表現される世界をくぐることで、スイミーと一緒になって「おもしろいもの」を味わうことが大切です。

②絵から感じる

この三場面は、特に絵から読み取れる情報が重要になりますが、それは「おもしろいもの」を体験するだけにとどまりません。スイミーは小さな魚です。その小ささと出会うもの全ての大きさの対比が表現されています。スイミーから見れば、いせえびは水中ブルドーザーのような巨大なものに見えるし、こんぶやわかめも林に見えるのです。少ない文字だけでは感じられないその大きさの対比は、絵を見れば一目瞭然です。

――うなぎ。かおを見るころには、しっぽをわすれているほど長い。――

この文は、その最たるものです。絵を見ると、スイミーはうなぎのしっぽのあたりにいます。スイミーの進行方向がしっぽ、腹、顔と続くことがわかります。「かおを見るころには、しっぽをわすれてる」とは、スイミーの小さな体とうなぎの体の長さの対比関係を表しているわけです。

スイミーは、旅をしながら、大きな生き物たちと出会います。形の面白さに驚いたり、色の鮮やかさを楽しんだりしています。また、見えない糸で引っ張られているように秩序よく泳ぐ魚の動きを観察しています。奇しくもこの一人旅によって、スイミーは多くのことを学び、海の世界を知ったのです。この三場面こそが、仲間たちを指導し、大きな魚のふりをするというアイデアの伏線になっているとも考えられます。文字情報とともに、絵からわかること、絵から感じることを十分に共有する必要があるのです。

はじめの場面とおわりの場面を、絵を使って対比してみることも考えられます。場面ごとに変わる海の色を対比してみることも考えられます。場面の様子や場面の移り変わりを補助的に表すというより、絵そのものを読み取る活動を積極的に取り入れたいところです。「スイミー」は、文字と絵で完結する絵本作品なのです。

少し余談になるかもしれませんが、あまりに小さく描かれているスイミー。実はこのスイミーは一枚一枚顔の表情が描き分けられています。必死で逃げる顔、面白いものをにこにこと見る顔、うーんと一生懸命考える顔……こんなところに着目してみても、読みの可能性が広がって面白いかもしれません。

教材研究の目 3 物語の構造

①場面のつながり

「スイミー」は低学年の教材らしく、物語を通して、大きな変容がはっきりと描かれています。しかも、前述の通り、原作は絵本作品ですから、絵から読み取れることがたくさんあります。はじめの場面を象徴するのが、スイミーや兄弟たちがまぐろに襲われる絵です。一方、おわりの場面を象徴するのが、スイミーや仲間たちが大きな魚を追い出す絵です。対照的に描かれる二枚の絵が、もっとも基本となる物語の大きな変化を端的に表しています。

また、設定にかかわる一場面の絵では、小さな赤い魚の兄弟たちが、バラバラに泳ぎ回っていて、明るくて広い海を、楽しく自由に過ごしている様子が表現されています。一方で、一人ぼっちになったスイミーが見つけた新しい仲間たちは、岩場の陰の狭くて暗い環境に、じっと固まって過ごしている様子が描かれます。食べられてしまった兄弟たちは、「広くて自由ながら危険な世界」に暮らしていたのに対して、新しい仲間たちは、「安全ながら狭くて不自由な世界」に暮らしているという価値の葛藤が見られます。

このようにして、場面と場面を比べることで、全体の構造を明確に捉えることができます。前者の大きな変化は、後者の価値の葛藤が昇華されて、「広くて自由で安全な世界」を手に入れた結果だと考えることができます。なぜ、それができたのかと言えば、スイミーがうんと考えた成果であることは間違いありませんが、三場面で海の生き物たちと出会った経験が大きかったはずです。この三場面での経験を川村湊（２００１）は「スイミーの修業時代」、後に新しい仲間たちのリーダーとなるための「通過儀礼」と名付けています。場面と場面をつなげて、一つの大きなまとまりが見えてきたとき、「スイミー」の読みに一貫性が築かれます。

②海の色

絵に描かれている海の色に着目してみると、スイミーの心情とのつながりが見えてきます。一場面では兄弟たちと楽しく暮らすスイミーの心情を象徴するかのような明るい色で表現されています。まぐろに襲われる二場面では緊張感を表すようなどす黒い青色で表現され、スイミーが逃げた暗い海の底は、怖くて、寂しくて、とても悲しいスイミーの心情そのままに灰色で表現されています。ところが、最終場面では、再び明るい海の色が表現されます。

あさのつめたい水の中を、ひるのかがやく…（中略）…大きな魚をおい出した。

この最後の一文は、小さな魚たちの変容を描き、スイミーが抱えていた葛藤が昇華されたことが表現されています。と、同時に、スイミーや小さな魚の仲間たちが今後も力強く生きていくことを象徴しているようです。朝や昼という時間の設定や、冷たい水や輝く光という描写が、スイミーの心情と重なります。

情景描写の指導は、高学年の指導事項ではありますが、その見方・考え方は低学年のうちから徐々に育てていく必要があります。物語世界が絵でも表現される絵本作品であるからこそ、絵の印象に着目して場面の情景と人物の心情を重ねることが比較的容易にできるはずです。場面と場面を比べたり、つなげたりしながら、物語の全体の構造を捉えることで、情景描写が意味付けられます。また情景描写を意味付けることで、物語の全体構造（プロット）は、より明確になってくるはずです。

教材研究の目 4 人物の葛藤

①スイミーの葛藤

物語の山場である次の場面には、スイミーが深く考え、葛藤を乗り越えていく様子が描かれます。

スイミーはかんがえた。…

それから、とつぜん、スイミーはさけんだ。

ここでは、スイミーがあれこれと考える長い時間の経過が表現され、まさに「行間を読む」ことができます。ただ、スイミーは何をどのように考えたのでしょうか。それは一切語られず物語の空所となっています。この部分は、読み手の想像に委ねられているのです。この空所を埋めようとすれば、前述のような物語の構造に着目しなければなりません。

スイミーと新しい仲間たちの対話からは、岩陰から出て「みんなであそぼう」と言うスイミーに対して、「大きな魚にたべられてしまう」から出ていけないと言う仲間たちとの価値の対立が見られます。広い海にある危険性は、スイミーが誰よりも知っているはずです。しかし、スイミーは同時に海の面白さも知っているのです。

「だけど、いつまでも…（中略）…なんとかかんがえなくちゃ。」

スイミーは、仲間に海の面白さを伝えたい。仲間とともに海で楽しく暮らしたい。そう願いつつ、しかし、もう一人も仲間を失いたくない。二度と一人ぼっちにはなりたくない。そんな葛藤を抱えています。うんと考えるスイミーの頭の中には、かつてともに楽しく暮らした兄弟たちの姿があったでしょう。また、まぐろに飲み込まれていく兄弟たちの姿もあったでしょう。一人ぼっちになった心細さや、海で見つけた面白いものへの好奇心も思い出していたでしょう。そうして熟考を重ねたうえ、ひらめいた起死回生の作戦が、みんなで泳ぐというものだったのです。「けっして、はなればなれにならないこと」「みんな、もちばをまもること」を指導するスイミーには強い意志が感じられます。

②手に入れたもの

では、そんなスイミーが最終的に手に入れたものは何だったのでしょうか。仲間を失った悲しみに寄り添って読めば、新しい仲間を手に入れたと考えられます。小さな魚が大きな魚を打ち負かすという逆転劇に着目すれば、知恵を手に入れたとも考えられます。また、怯える仲間たちを説得する行動を価値付けるならば、勇気を手に入れたとも考えられます。あるいは、最後の一文を重視して、二度と大きな魚に脅かされることのない世界を想像するなら、自由を手に入れたとも考えられます。読み手の判断の分かれるところでしょう。

主人公が手に入れたものは何だったのか（あるいは、失ったものは何か）。こうした問いは、物語の一貫性をどのように形成しているのかを投げかけます。すなわち、読み手が物語の主題をどう捉えているのかということを問われているのです。それぞれの読み手が自分で言語化し、他者と交流をしてみることで、自分の読みを自覚することができるでしょう。

教材研究を活かした単元計画と発問・交流プラン

1 レオ＝レオニ作品の紹介文を書こう

POINT

それぞれの読みで主題をつくる

レオ＝レオニの絵本作品は、『スイミー』や『アレクサンダとぜんまいねずみ』『フレデリック』などのように教科書に採録されているものの他にも、『マシューのゆめ』『どうするティリー?』『コーネリアス』など、様々にあります。レオ＝レオニは、生涯四十冊ほどの絵本を発表していますが、いずれも芸術性の高い鮮やかな色合いの絵と、深い内容が込められたわかりやすい物語展開に特徴があります。低学年の子どもたちを、絵から受ける感性とわくわくするようなストーリーの展開によって、レオ＝レオニの世界にどっぷりと浸からせたいと考えます。

そこで、「レオ＝レオニ作品の紹介文を書こう」として、絵本を多読する活動を展開します。単元導入では、授業者が一番お気に入りの本を紹介し、読み聞かせます。その時に自作して用意しておいた紹介文を提示し、読んでみたくなるような紹介文を書こうと投げかけます。**紹介文を提示して、読んでみたいという思いを引き出してから**、読み聞かせることも考えられます。また、読み聞かせをしてから、「この本を読んでみたいと思わせるなら、どんなところを紹介するとよいかな?」などと問いながら、自作の紹介文を提示するのもよいでしょう。次時以降に「スイミー」を読みながら、紹介文を書きますが、同時に並行読書を進められるように、レオ＝レオニの他作品を教室に置いて、自由に読める環境を整えておきます。

単元計画

次	時	●主な発問〈問い〉　・学習活動	・留意点
一	1	・数点のレオ＝レオニ作品の読み聞かせを聞き，教師自作の紹介文を読み合う。	・面白かった場面などを話し合ったり，紹介文を読んだりして単元の見通しをもたせる。
	2	・「スイミー」を読んで，初読の感想を交流し，ノートに記録する。交流	・紹介文に書くことを前提にお話の好きなところを探させる。
二	3	**●時・場・人を確認しましょう。** ・最初のきょうだいと後で見つける小さな魚たちの違いを区別する。	・登場人物を確認する中で，誤読しがちな「赤い魚たち」について確認する。
	4	**●他の魚たちと比べてスイミーの違うところはどこでしょうか。それはお話のどこからわかりますか。**交流	・スイミーの人物像について，根拠を明確にして，捉えさせたい。
	5	**●はじめとおわりの絵を比べてスイミーの違うところはどこでしょうか。また，大きく変わったことは何でしょうか。**交流	・物語の大きな変化を捉えることで物語の骨子を確認する。
	6	**●スイミーが見つけた「おもしろいもの」は何でしょうか。また，どんなところが面白いと思っているでしょうか。**交流	・③場面でのスイミーの体験を意味付ける。
	7	**●海の危険を知っているスイミーは，なぜ一緒に岩陰に隠れないのでしょうか。**交流	・①④場面を対比して，価値が葛藤していることを想起させる。
	8	**●うんと考えたスイミーが，結局手に入れたものは，何でしょうか。**交流	・主題につながる部分である。それぞれがどのように捉えているのか言語化させたい。
	9	・「スイミー」の紹介文を書き，交流する。交流	・二次で読んだことを基に書かせる。
三	10	・他作品の紹介文を書く。	・事前に本を選ばせておく。
	11	・紹介文を読み合い，交流する。交流	・よい点を見つけ合わせる。

本時の展開例（第8時）

本時の目標　スイミーが得たものを意味付け、自分なりの主題をつくる

T1では、まず、ストーリーを確認します。これは、思考を促す発問というよりは、T2・T3で思考するための準備段階の質問です。T1からつなげてT2では、スイミーが何を考えたのかを問います。作品の空所となっている部分です。これまでの展開を考えれば、スイミーの小さな胸の中にはたくさんの思いが溢れ、頭の中ではあらゆることを想定しているものと考えられます。前時を想起させ、スイミーの抱えている葛藤に寄り添うことで、スイミーが何を考えているのかを深く考えさせます。

T3は、本時の中心発問です。様々な反応が予想されますが、これまでに重ねた読みを基に、自分なりの捉えを言語化することが目的です。そのためには、読みを交流して、自分が頭に描いている作品世界を相対化させる必要があります。「自由」「仲間」「知恵」「勇気」…いくつかのキーワードが浮かびますが、**どの言葉がぴったりくるかは、読み手の判断**に委ねられます。それぞれの**読み手が作品と対話すること**で、主題がつくられることをねらっています。

T4では、T2・T3での交流を振り返り、言語化させます。毎時間、このように記述していたことが、次時で「スイミー」の紹介文を書く活動につながっていきます。本時は、特にそれぞれが描く一貫性が表出される時間なので、重要な記述になるでしょう。

本時の流れ

	●主な発問〈問い〉 ・学習活動	・留意点
T1	**●仲間たちを説得するためにスイミーは，どうしましたか？** C：いろいろと考えました。 C：うんと考えました。 C：すごく長い時間考えたと思う。	・Ｔ２の発問につながるように，ストーリーの展開を確認する。
T2	**●スイミーは，何をそんなに考えたのですか？** C：海の面白いものをみんなに見せてあげたいと思っていたと思う。 C：でも，もう一人も仲間を失いたくないって気持ちもあったと思う。 C：だから，一人も食べられないような作戦を考えたと思います。 C：海でいろんなことを観察したり知ったりしたから，作戦に使えることはないか考えていたと思います。	・スイミーが抱えている葛藤が明確になるように子どもたちの言葉を重ねていく。 ・価値が対立するように構造的に板書する。
T3	**●一生懸命に考えたスイミーが結局手に入れたものは，何ですか？** C：自由に遊べる場所。もう大きな魚に襲われることがないから。 C：新しい仲間たち。みんなで協力することができたから。 C：頭のよさを手に入れた。スイミーのアイデアで大きな魚を追い出したから。 C：勇気を手に入れた。元気を取り戻して，怖がっている仲間たちを説得したから。	・いくつかの反応が想定される。いずれにしても，なぜそう考えているのかという根拠を明確にさせる。
T4	**●振り返りを書きましょう。** （記述例）話し合っているうちに，自由を手に入れたと思いました。スイミーは小さくても強い魚です。逃げずにたたかったから，自由を手に入れたのだと思います。	・ノートに記述していることを基にして，次時では「スイミー」の紹介文を書かせる。

2 教材研究を活かした単元計画と発問・交流プラン

レオ＝レオニ作品の読み聞かせをしよう

POINT 単元を通して読み聞かせをする

前述の通り、レオ＝レオニの絵本作品の特徴は、第一に芸術性の高い絵にあります。コラージュやフロッタージュなどの技法によって、作品の世界観に合わせた表現がされています。ストーリーを「読んで」楽しむばかりでなく、絵を「見て」作品の世界観を味わいたいところです。

そこで、この交流プランでは、単元を通して読み聞かせをするという言語活動を通して、様々なレオ＝レオニの絵本作品にふれさせることを想定します。単元計画では、二年生の子どもたちが、教室内で互いにお気入りの絵本を読み聞かせることを前提にしていますが、実態に応じて教室を飛び出して活動することも考えられます。例えば、単元の終末に交流会を設定して、**二年生が一年生に読み聞かせをする**ということが考えられます。また、一年生で実践する場合には、入学してくる新一年生に向けて、読み聞かせをするということも考えられます。

いずれにしても、**作品の面白さが伝わるように読み聞かせをする**には、どうすればよいのかという問題意識をもって単元の活動に取り組むようにさせます。「スイミー」を読み深める二次では、絵を手がかりに読ませ、**読んだことを音声表現に活かすように**活動を構成します。各時間で読み聞かせの練習をするために、絵本をグループに一冊（あるいはペアに一冊）用意します。

単元計画

次	時	●主な発問〈問い〉　・学習活動	・留意点
一	1	・数点のレオ＝レオ二作品の読み聞かせを聞く。	・作品の面白さについて話し合わせたり，単元のめあてを確認したりする。
	2	・「スイミー」を読んで，初読の感想を交流し，ノートに記録する。交流	・どのような読み聞かせをしたいか見通しをもたせる。
二	3	**●時・場・人を確認しましょう。**	・絵本にある絵を全て活用しながら，設定を確かめる。
	4	**●他の魚たちと比べてスイミーの違うところはどこでしょうか。それはお話のどこからわかりますか。**交流	・スイミーの人物像について，絵からわかることにも着目させる。
	5	**●はじめとおわりの絵を比べてスイミーの違うところはどこでしょうか。また，大きく変わったことは何でしょうか。**交流	・①②場面と⑥場面の読み聞かせの仕方を考えさせる。違いを意識して音読させる。
	6	**●スイミーが見つけた「おもしろいもの」が伝わるように読むには，どうすればよいでしょうか。**交流	・③場面の読み聞かせの仕方を考えさせる。間の取り方や頁のめくり方などにも留意させる。
	7	**●④⑤場面の様子が伝わるように読むには，どうすればよいでしょうか。**交流	・スイミーの会話文や赤い魚の仲間の会話文，また地の文の行間などに留意させる。
	8	**●全体を通して読み聞かせをしてみましょう。**交流	・ペアやグループで，ポイントを確認しながら読み聞かせの練習をさせる。
	9	・「スイミー」の読み聞かせを聞き合って，感想を交流する。交流	・互いに聞き役となって，聞き手の立場から評価させる。
三	10	・他作品の読み聞かせを練習する。	・事前に本を選ばせておく。
	11	・互いに読み聞かせをして，感想を交流する。交流	・よい点を見つけ合わせる。

本時の展開例（第7時）

本時の目標　山場の場面において、読み聞かせの仕方を検討する

T1では、まず、④⑤場面の読み聞かせをさせてみます。おそらく、すでに工夫して読めるところもあるでしょうが、不十分さが感じられるでしょう。そこで、T2では、**もっと上手に読むにはどこを工夫したいか**を問います。会話文をどのように読めばよいか、また場面の様子が伝わるように地の文をどのように読めばよいかなどと考えるでしょう。**音読と読解がつながることが大切**ですが、本単元では**音読をしながら読解を進める**ことを前提にしています。工夫したい箇所を明確にして、まずは声にしてみながら、なぜそのような読み方をするのかと考えていきます。

T3では、ペアやグループで読み方を検討し、**その読み方を選んだのはどうしてか**ということを全体で共有していきます。例えば、「うんとかんがえた。」の後に十分な間をあけて、「それから、とつぜん、スイミーはさけんだ。」と、読む子どもたちに、訳を聞くと、スイミーが難しい状況で葛藤していることが述べられるはずです。音読を工夫しようとする活動の中で読みが促され、自分の読みに自覚的になることができます。スイミーと赤い魚たちの対話を強く言い合う様子を思い浮かべる子もいれば、スイミーが優しく説得している様子を思い浮かべる子もいるでしょう。そのような対立に焦点化し、一人一人にどのような読み方をしていくかを選択させていきます。T4では、いくつかある読み方から、自分の読みに一番ぴったりくるものを選択させ、**なぜその読み方がよいのかを振り返らせ**ます。

本時の流れ

	●主な発問〈問い〉　・学習活動	・留意点
T1	**●④⑤場面を読み聞かせてみましょう。** C：「そうだ。みんないっしょにおよぐんだ」が，本当にひらめいたみたいな言い方でよかったよ。 C：頁をめくるのが早くて，あまり絵が見られなかったな…。	・ペアあるいはグループで聞き合わせ，よい点や不十分な点を共有させる。 ・単元を通して，どうやって絵を見せるかという観点で追究させる。
T2	**●もっと上手に読むためには，どこを工夫したいですか。** C：スイミーと赤い魚たちが言い合っている感じにしたいな。 C：「うんとかんがえた。」のところで，スイミーが一生懸命考えているように読んでみたいな。 C：スイミーが一生懸命仲間たちに教えているように読みたいな。	・工夫したい箇所を挙げさせ，全体で問題意識を共有する。
T3	**●なぜ，そのような読み方をしたのですか。** C：スイミーの会話文は，優しい感じで言った方がいい。スイミーは赤い魚が怖がっている気持ちもわかるはずだから。 C：「うーんと」と，強く読んで，間を取った方が，スイミーが長い時間考えていることが伝わるから。 C：「けっして」と「みんな」を強く読むとスイミーの一生懸命な気持ちが伝わると思う。	・ペアやグループで読み方の工夫を検討させた後に，全体で読み方の工夫について共有する。なぜそのように読んだのかを問うことで，読解の活動を促す。
T4	**●友達のよいところを取り入れて，読み聞かせをしてみましょう。**	・④⑤場面を通して，読み聞かせをさせ，工夫した点を振り返らせる。

教材研究の目 1

登場人物の設定

①寓話としての登場人物

「わにのおじいさんのたからもの」は、詩人、川崎洋による児童文学（童話・寓話）です。

西郷竹彦（1996）は寓話について、①人物が類型であり、主題が勧善懲悪や諷刺であることを、類比（反復）と対比という形で強調するきわめてシンプルなもの。②登場人物が善玉、悪玉という個性のない類型であるため、話の内容（表現内容）も類型的、紋切り型の話になる傾向がある（子どもには理解しやすいため、子どもの文芸の相当な比重を占める）。③きわめて複雑、微妙な、ときに矛盾、葛藤をはらむ作品として書かれることもある。すぐれた寓話はその傾向をもつ。とし、本作品は③の寓話の要素をもつとしています。

府川源一郎は、西郷（1996）の解説において、西郷が寓話に見出した教材価値は「批評性」にあるとしました。語り手は、寓意の「教訓」といった一元的なメッセージを語らずに、既成のものの見方自体を根底から問い直すのです。作品の問題提起性は、作品の批評の質とその方向によって規定されており、それを明らかにすることなしには、教室へ作品を持ち込むわけにはいかない、と指摘しています。

詩人が紡ぐ本作品は、言葉によるイメージ連鎖の機能を用いた限りなく詩に近い世界とされています。詩の根本原理は「風景の捻転」です。詩的表現は、認識上の創造的な発見を伴います。この作品においても、たからものを通して登場人物の関わりを描くことで、既成のものの見方を問い直していると考えることができるでしょう。では、風景の捻転を描くうえで、登場人物をどのように設定しそれを可能にしているのでしょうか。

②登場人物の設定

登場人物は、「わにのおじいさん」と「おにの子」の二人です。中心人物は、物語の山場のラストシーンで大きく心を動かされる「おにの子」です。タイトルが「おにの子」でないのは、作品のテーマとなる「たからもの」をタイトルにすることで、作品の批評の方向を規定しているからだと考えられます。登場人物のかかわりから、「たからもの」についての既成のものの見方を問い直していくには、人物像の対照性により価値観のずれや誤解を生む設定にする必要があります。授業では、人物像の対照性に着目できるよう、類似性（共通点）と対照性（相違点）に着目させるとよいでしょう。

(1)類似性

かつては人間に恐れられ恐怖の象徴でしたが、今やすっかりその力を失い、隠れるように孤独に生きています。互いに「たからもの」を狙われ、人を避けるように生きています。そんな中で出会い、言葉を交わすことで互いにわかり合えるように設定されています。おにの子の礼儀正しさや、わにのおじいさんの経験を重ねた穏やかさも、相反する性質ではなく、互いの類似性が会話を可能にする土台になっています。

(2)対照性

外国の「わに」と日本古来の「おに」の出会いは地域という点で異なっています。またおじいさんと子どもという二者の関係も、時代や経験量という点で同様です。互いを尊重し合う関係性が想定される一方、認識の違いによるコミュニケーション不成立の可能性も想定されます。「たからもの」に対する両者の認識の違いはまさに対照的であり、知らず知らず身に付けてきた価値観を揺さぶる人物設定と言えるでしょう。

教材研究の目

象徴表現 2

①文学的象徴としての「おに」

文学作品の読解のポイントとして、象徴表現への着目が挙げられます。

「わにのおじいさんのたからもの」には、「たからもの」「わに」「おじいさん」「おに」「子」など、それぞれの言葉から関連してイメージされる象徴的機能をもつ言葉が多く出てきます。

例えば「おに」という言葉には、強・悪・罪・怒・憎・恐怖などが関連して想起され、それが「おに」という言葉に象徴的機能をもたせます。しかし、文学作品に用いられる象徴的機能を読み取る際に、辞書的な意味や伝統的に語り伝えられてきたイメージだけで解釈しては、文学作品を読めたことにはなりません。テクスト（本文）内での創造的な象徴である「文学的象徴」を考える必要があるのです。

本作品における「おに」は、①おにの平仮名表記、②幼い子どもという設定、③「わにのおじいさん」とのやり取り、④ぼうしをかぶった姿、⑤桃太郎の昔話の挿入などから、おにの子が自身の象徴である角を隠し、人間世界に紛れて、細々と生き延びていることがわかります。言葉同士の意味のつながりや、わにとおにの子、昔の鬼と対照的なおにの子の性格、のような対比構造による意味の広がりを組み合わせて創造的解釈を行うことで、「おに」に、迫害される者の孤独や悲しみ、力・悪・恐怖といった寓意的概念が失われた近代日本の姿を文学的象徴として読み取ることができるのです。

低学年の子どもに捉えさせる際には、鬼に対する一般的なイメージ、昔話「桃太郎」、おにの子の様子などを自由に話し合わせ、比較することで、作品中のおにのイメージが形づくられていくことでしょう。

②象徴的機能としての「たからもの」

「たからもの」は、本作品のテーマにかかわるキーワードです。富・財・欲望・冒険などが関連して想起されます。桃太郎のお伽噺に親しんだ子どもも、鬼から奪った財宝として、富や欲といった認識をもっていることでしょう。本作品での文学的象徴を捉えるうえでは、「たからもの」の実態が最後まで明かされない点、おにの子がたからものという概念をもたない点に留意する必要があります。描かれているのは、わにのおじいさんが抱いている「たからもの」への思いであり、おにの子が見つけた、おにの子にとっての意味なのです。

わにのおじいさんは、たからものによって命を狙われ長旅をしてきました。たからものへの自身の執着心が苦難の人生を歩ませたとも言えるでしょう。そんなおじいさんにとって、たからものに無縁で無欲なおにの子との出会いは、それまでの価値観を揺さぶります。おにの子にたからものを託すことで安らぎを得ることにもなるのです。一方、おにの子にとってのたからものは、おじいさんが命がけで守ってきたもの、それを託されたという信頼の証、言葉にできないほど美しい夕焼けへと、認識が形成されていきます。このようにテクストの叙述からは、二人が何に価値をおいているかが読み取れますが、それらをつなげて「欲望の力学の象徴」、「美しい世界の象徴」と意味を再構築しても、既成の価値観の域を抜け出ません。

髙橋龍夫（2001）は、おにの子が欲望の力学的用語を「知らない」（＝したがってそのような活動そのものが意識されない、財産所有意識の芽生えがない）ことは、既成の価値観からの脱却をさりげなく示唆し、過去の遺恨、身体的差異、欲望そのものにこだわった差別や排除を超えて、心的優しさと感性的調和によって他者との関係性を穏やかに結ぶことを志向する、としています。「たからもの」は、言葉そのものを知らない純粋無垢な者によって既成の価値観が解体され、新たな見方を示すモチーフの役割を果たすのです。

教材研究の目 3 語り

①語りの二重性

この作品は、冒頭で冬という状況設定がなされ、続いておにの子の登場が描かれます。「ぼうしをかぶったおにの子は、」「おにの子は、」というように、三人称主語が明確に示されていることから、おにの子の登場の場面は三人称の語り手によるものであることがわかります。では、後続の次の文章はどうでしょうか。

> そうとう年をとっていて、はなの頭からしっぽの先まで、しわしわくちゃくちゃです。人間でいえば、百三十さいくらいのかんじ。

松本修（2015）は、「そうとう年をとっていて、…」は、直前に「おにの子は、そばにしゃがんで、しげしげとながめました。」という視覚に関する表現があることで、語り手が引き続き説明していると見るか、おにの子が眺めている知覚が描かれていると見るかは、読み手の判断に依存することになる、としています。

語り手に寄り添う読み手は、「…です。」という口調に説明的な印象を読み取っていると思われます。またおにの子に寄り添う読み手は、「しわしわくちゃくちゃ」「…感じ。」という口語的な表現から、幼いおにの子の言葉に聞こえていると思われます。また「出会いました。」「ながめました。」という過去形から「しわしわくちゃくちゃです。」という現在形の文末表現に変わることで現前性が高まり、おにの子の見たものを表現しているという読みの根拠になります。このように複数の語り手の声で読める描出表現を問うことで、読み手が誰に寄り添って読んでいるのか、また作品をどのように解釈しているかが明らかになります。他にも「わには、目をつぶり、じっとしたまま。」「やっぱり、わにはぴくりともうごきません。」が描出表現です。「おおきなかぶ」の表現形態「やっぱり…ぬけません」をイメージした場合、語り手に寄り添った読みになるでしょう。

本作品は、二年生と三年生の両方の教科書に掲載されています。低学年では、あなたの耳に誰の声で響いてくるか問うことで、二つの声で聞こえる面白さを味わわせるとよいでしょう。中学年では、そう聞こえた理由を交流させることで、作品の新しい解釈を発見する学習となります。

②三人称の語り手

---

(1)ダッシュを用いて、おにの子の心中思惟を説明。読者は語り手を通しておにの子に同化します。

(あ、おじいさんでなくて、おばあさんなのかもしれない――と思いました。)

(2)物語内容を解説する働き（「ああ、いい気持ちだ。」と、わには、つぶやきながら目をあけたのです。)

(3)登場人物が知らないことや、隠していることも知っている、超越的な語り。

(おにの子は、たからものというものが、どんなものなのだかしりません。…)

(わにのおじいさんのせなかのしわが、じつは、…かくし場所を記した地図になっていたのです。)

超越的な三人称の語り手により、わにのおじいさんがたからものを隠していたこと、おにの子がたからものを知らないこと、足もとにたからものはこが埋まっているのを知らないことは、それ自体、疑う余地がないことになります。髙橋龍夫が述べるように、語りに対する読者の信頼が潜在することによって、おにの子が夕焼けとその場所を「たからもの」として受け止める場面は、感動的なものになるのです。

教材研究の目 空所 4

①作品の空所

この作品は、おにの子が「たからもの」についての知識を欠いているために、最終場面で「宝探しの破綻」を起こす話です。「たからもの」の概念がないおにの子にとって、わにのおじいさんが託してくれた「たからもの」は、それを獲得する機会になるはずでした。しかし、美しい夕焼けをたからものと認識（誤解）してしまうのです。おにの子の、優しく、美に感動できる純粋さや、たからものに対する気持ちや概念は、冒頭から一貫して変わることはありません。

なぜ、わにのおじいさんはたからものが何かを、具体的に示してくれなかったのでしょうか。また、おにの子にたからものをあげようと決意したおじいさんの願いは叶ったと言えるのでしょうか。おにの子が夕焼けを見ていたところで話を終える語り手の意図は何でしょうか。その後二人はどうなったのでしょうか。「たからもの」に関する二人のすれ違いと誤解は、作品の空所として読者が想像力を働かせてテクストを根拠に埋めつなぎ、一貫した意味をつくり出すことになります。読者が創造的に意味付けていくという点では、文学的象徴を考える過程と同様です。空所にかかわる問いであっても、「わにのおじいさんの「たからもの」が何であったか」が発問として相応しくないのは、おじいさんの「たからもの」は欲望の象徴として描かれており、その既成概念にあう物質的なものであれば、何でもありになってしまうからです。

②空所の問い

空所を活かした問いとして、小林圭（2018）は次の四つの課題を提示しています。

①わにのおじいさんが、「きみに、わしのたからものをあげよう。」と言ったのはなぜでしょうか。
②「たからものって…きみの目でたしかめるといい。」と言ったわにのおじいさんの思いは、かなったと思いますか。
③おにの子に、足もとにたからものがうまっていることを、あなたは教えてあげますか。
④この物語が次の文のところで終わることを、あなたはどう思いますか。（最後の一文を提示）

②の問いは、わにのおじいさんに寄り添い読むモードから、読者視点の解釈の移行をねらったものです。おにの子に同化した語りの影響を受け、おにの子の視点で読んでしまいがちですが、既成概念を揺さぶられるおじいさんの視点に立つことで、読みの勘所を押さえることになります。たからものをあげたかったとするのか、たからものをあげることで隠してきた重荷を下ろそうとしているのかによって、願いが叶ったのか叶っていないのか、解釈が分かれます。おにの子が見つけたものと、見出した価値を考えることにつながります。

③空所を埋めることの難しさ

西郷竹彦（1996）は「おにたのぼうし」において、女の子（人物）は知らないが読者は知っている、という対比関係を指摘しました。本作品のおにの子と読者も同じ関係にあるため、子どもから「教えてあげたい」という声が上がるのです。一方、山元隆春ら（2001）は、小学校低・中学年では「宝探し」スキーマへの執着が強く、それを手放すスキーマがないため、おにの子はたからものを見つけていない、夕日はたからものではないと答えるとしています。「宝探し」スキーマを手放しテクストに向き合えるよう、動作化や話し合いが必要になります。その先に常識的な「たからもの」像が裏切られることの意味付けが始まるのです。

教材研究を活かした単元計画と発問・交流プラン

おにの子へ手紙を書こう―なりきり作文―

1

「わにのおじいさんは、なぜたからものについて具体的に教えてあげなかったのか」。読後に生じる**疑問**から、わにのおじいさんのたからものに対する**価値観の問い直し**という、**作品テーマ**に迫らせたいと思います。本プランでは、おにの子の誤解をわにのおじいさんはどう思うのか、**おにの子に宛てた手紙を書く活動**を構想します。

一次では、自分のたからものや、タイトルの「わにのおじいさん」のたからものについて、自由に話し合わせ、**一般的なイメージ**を確認します。続いて教材文を読み、疑問をもたせたうえで単元をスタートします。

二次では、わにのおじいさんの言動にかかわる問いの解決を通して、**たからもの観**を読み解いていきます。はじめに二人の人物像やたからものに対する思いを確認し、おじいさんがおにの子にたからものを託した理由を考えさせます。また、**おにの子の誤解**について、わにのおじいさんの願いは叶ったと言えるか、おにの子に教えてあげるかを考えさせ、たからものに対する**二つの認識**、**二つの価値観**への気付きを促します。

三次では、二次の活動で考えてきたことや挿絵を参考に、わにのおじいさんからおにの子へ手紙を書きます。わにのおじいさんになったつもりで、口ぶりを真似させるとよいでしょう。さらに手紙を読み合うことで、「宝探し」スキーマを手放し、わにのおじいさんを通してたからもの観の問い直しも楽しくできるでしょう。オープンエンドにしてもよいし、学級全体で**二人のたからもの観の変容の有無**をまとめてもよいでしょう。

POINT

空所を基に、価値観を問い直す

単元計画

次	時	●主な発問〈問い〉　・学習活動	・留意点
一	1	**●自分の「たからもの」を友達に紹介しましょう。** ・似たもの同士，分類する。 **●わにのおじいさんのたからものはどんなものだと思うか，話し合ってみましょう。(題名読み)**	・自由に発表させ，一般的なたからものに対するイメージを喚起する。 ・わにのイメージを確認する。
	2	**●「わにのおじいさんのたからもの」を読み，面白かったことや，疑問に思ったことを発表しましょう。**	・夕焼けがたからものだと読めているか，読みの状況を確認する。
二	3	**●わにのおじいさんとおにの子の，似ているところ，異なるところはどこですか。** ・性格，関係性，たからものへの思いをまとめる。	・性格や境遇の類似性，対照性を対比的にまとめる。 ・類似性が二人の関係を親密にしたことに気付かせる。
	4	**●わにのおじいさんが，「きみに，わしのたからものをあげよう。」と言ったのはなぜでしょうか。交流**	・おにの子の優しさだけでなく，わにのおじいさんの境遇もあわせて考えさせる。
	5	**●「たからものってどういうものか，きみの目でたしかめるといい。」と言ったわにのおじいさんの思いは，叶ったと思いますか。交流**	・たからものをあげたかったのか，重荷を下ろそうとしているのか，どのような思いがあったのか考えさせる。
	6	**●おにの子に，足もとにたからものが埋まっていることを，あなたは教えてあげますか。交流**	・おにの子の人物像を振り返らせる。交流の中で，「たからもの＝夕焼け」に気付かせる。
三	7	**●夕焼けに感動するおにの子を，わにのおじいさんはどう思うでしょうか。わにのおじいさんから，おにの子にあてて手紙を書きましょう。**	・これまでの学習を踏まえたうえで，自由に書かせる。 ・「たからもの」という言葉を使用させる。
	8	**●書いた手紙を交換して読み，感想を伝えましょう。交流** ・二人のたからものについての見方を確認する。	・たからものの捉え方の違いに着目させる。

本時の展開例（第5時）

本時の目標　わにのおじいさんの思いは叶ったか、友達と意見を交流し合い、考えを深める

T1では、**「わにのおじいさんはどんな気持ちで「たからものってどういうものか、…たしかめるといい。」と言っていますか」**と問いかけ、わにのおじいさんがおにの子に好感をもち、穏やかで優しい気持ちを抱いていることを読み取らせます。

T2では、**T1**でのわにのおじいさんの気持ちを踏まえたうえで、**「どうしてわにのおじいさんは、たからものがどういうものか、教えてくれなかったのでしょう」**と、**作品の空所**を考えさせます。

T3では、**T1**、**T2**で考えたことを基に、本時のねらいとなる**探究的な問い**に迫ります。**「「たからものってどういうものか、…たしかめるといい。」と言ったわにのおじいさんの思いは、叶ったと思いますか。それはどうしてですか」**では、それぞれの**考えの根拠を本文中から探す**ことになります。授業の初段階では「宝探し」スキーマの影響で、たからものを「見つけていない」とする子どもがいることが予想されますが、おにの子にとってのたからものを直接問わず、話し合いの中で夕焼けの価値に気付かせたいと思います。交流により**常識的なたからもの像が裏切られている**ことを発見できるとよいでしょう。

T4では、交流を基に改めて意見をまとめさせ、**読みに一貫した意味をつくり出させます**。留意したいのは、読みの変化の有無は問わないことです。子どもが**何を根拠に解釈**したのか、**読みのメタ認知的変容**を重視します。わにのおじいさんの人物像や歩んできた人生の捉え方次第で異なる解釈を楽しませたいと思います。

本時の流れ

	●主な発問〈問い〉 ・学習活動	・留意点
T1	**●わにのおじいさんはどんな気持ちで「たからものってどういうものか，…たしかめるといい。」と言っていますか。** C：ホッとした気持ち。 C：楽しみだねと，子どもを冒険に送り出すような気持ち。	・状況によっては，「わしをころして，わしのたからものを…」以降，動作化しながら音読させておくとよい。 ・前時の学習も振り返るようにする。
T2	**●どうしてわにのおじいさんは，たからものがどういうものか，教えてくれなかったのでしょう。** C：地図を紙に書きうつしたので，見つけられると思ったんじゃないかな。 C：自分の目で確かめた方が，喜びが大きいと思ったんじゃないかな。	・テクストの叙述を基に，想像させる。
T3	**●「たからものってどういうものか，…たしかめるといい。」と言ったわにのおじいさんの思いは，叶ったと思いますか。それはどうしてですか。** C：「これがたからものなのだ」と言っているので，叶ったと思います。 C：語り手が「足もとに，…おにの子はしりません。」と言っています。夕焼けはいつも見られるわけではないし，地面に隠したものは，探し出せていないので，叶わなかったと思います。	・ペア，または四人グループで意見交流を行う。 ・代表的な意見を取り上げ，全体共有する。 ・たからものをあげたかったと考えた場合，夕焼けを見つけたので叶ったと言える。たからものをあげることで隠してきた重荷を下ろそうとしたと考えた場合，叶っていないことになる。
T4	**●話し合ったことを参考に，もう一度，考えを書いてみましょう。** C：おにの子がたからものを見つけて喜んでいるので，わにのおじいさんもうれしいと思います。叶っています。 C：守ってきたたからものをあげられたので，安心していると思います。でも足もとには残っているので，叶ったとは思えません。	・考えは変化してもしなくてもよいと伝える。 ・なぜそう考えたのか，理由を具体的に書くように伝える。

教材研究を活かした単元計画と発問・交流プラン

2 ミニマル・ストーリーで作品紹介をしよう

POINT 語り手による作品の結末を評価する

寓話の特徴の一つである**「作品の批評性」**に迫らせるため、**語り手による結末の締めくくり方**を評価させたいと思います。さらに作品を**ミニマル・ストーリー**にすることで、わにのおじいさんのたからものに対する価値観の問い直しという作品テーマにつなげたいと思います。

一次では、登場人物と場面を押さえ、二人の類似性と対照性に着目させます。また**挿絵**から、おにの子が人間と同じ外見や肌の色をしており、最終場面では**帽子を取っている**ことに気付かせます。そのうえで、ミニマル・ストーリーを作成させます。各登場人物を主語とした文が想定されます。

二次では、**描出表現の箇所が誰の声で聞こえるか**を尋ね、物語には登場人物以外にそれを話している人がいるという、**語り手**の概念をもたせます。続いてわにのおじいさんの言動にかかわる問いの解決を通して、おじいさんのたからもの観やおにの子の誤解といった、**読みの勘所**を押さえます。

三次は、おにの子が夕焼けを見ているタイミングで話が終わることについて、もっと前に終わる個所がある、もっと話を続けた方がよいなど、**一読者として評価**させます。子どもたちは結末に対する自分の印象と向き合いながら、**理想的な結末や受け入れられない結末**を想定することになります。**評価者的なスタンス**に立たせることで、**作品を俯瞰する**体験をさせます。最後はミニマル・ストーリーで作品像を更新させます。

単元計画

次	時	●主な発問〈問い〉　・学習活動	・留意点
一	1	**●題名からイメージしたことを，自由に話し合いましょう。** **●話を読み，面白かったことや，疑問に思ったことを発表しましょう。**	・「わに」「たからもの」のイメージを押さえる。 ・夕焼けがたからものだと読めているか，確認する。
	2	**●登場人物と場面（季節・場所）を挙げましょう。** **●挿絵からわかることがありますか。** **●このお話を一文で紹介しましょう。**	・性格，境遇，たからもの観を対比し，類似性に着目させる。 ・「○○が○○した話」とまとめる。
二	3	**●「そうとう年をとっていて，…百三十さいくらいのかんじ。」は，誰の声で聞こえますか。証拠を抜き出して，その理由も書きましょう。交流**	・聞こえ方には，①語り手の声，②おにの子の声，③両方の声の，三通りがある。
	4	**●わにのおじいさんが，「きみに，わしのたからものをあげよう。」と言ったのはなぜでしょうか。交流**	・おにの子の優しさだけでなく，わにのおじいさんの境遇もあわせて考えさせる。
	5	**●「たからものってどういうものか，きみの目でたしかめるといい。」と言ったわにのおじいさんの思いは，叶ったと思いますか。交流**	・たからものをあげたかったのか，重荷を下ろそうとしているのか，どのような思いがあったのか考えさせる。
	6	**●おにの子に，足もとにたからものが埋まっていることを，あなたは教えてあげますか。交流**	・おにの子の人物像を振り返らせる。交流の中で，「たからもの＝夕焼け」に気付かせる。
三	7	**●このお話が次の文のところで終わることを，あなたはどう思いますか。（最後の一文を提示）交流**	・オープンエンドな問い。それぞれの考えを語らせるようにする。
	8	**●学習を振り返り，このお話をミニマル・ストーリーで紹介しましょう。** ・おにの子にとって夕焼けがたからものになる話。感動で帽子をとる話。 ・わにのおじいさんがたからものを渡してホッとする話。	・「○○が○○する話」「○○が○○になる話」から選択させる。 ・「○○になる話」と抽象度を上げ作品を俯瞰させる。

本時の展開例（第7時）

本時の目標　テクストの情報を結び付けながら、物語の終わり方について自分の考えをもつ

本時は、**物語の語り納め**を子どもなりに評価させる、本単元の核となる学習です。

T1では、批評の前段階として、**「このお話の最後の場面について、どう思いましたか」**と、結末に対して抱いた印象を挙げさせます。作品を評価するためには、柱となる自身の読みと向き合い、対照化していくことが求められるからです。

T2は、結末の締めくくりが語り手によるものであることを確認するための問いです。第3時に学んだ物語の見方・考え方を活用させたもので、T3の語り手による語り納めへの批評につながります。

T3は、**物語の語り納めを評価させる**問いです。小学校低学年に合わせ、物語の「終わり方」を**「終わったタイミング」**として考えさせます。終わったタイミングに課題意識をもたせるために、もっと前に終わる個所があるのか、もっと話を続ける方がよいのか、このままでよいのか、という三つの選択肢を提示します。子どもが自分の立場とその理由を話す際、教師は、**根拠となる叙述**を明らかにさせたり、全体で**理由を共有**したりできるようコーディネートします。

T4では、T3での交流を基に、最終的な考えを書かせます。根拠を明確にして「物語の語り納め」を評価させることで、次時のミニマル・ストーリーでは**作品を俯瞰**して一文にすることができるでしょう。わにのおじいさんのたからものへの価値観の問い直しという、「作品の批評性」につながることも期待できます。

本時の流れ

	●主な発問〈問い〉 ・学習活動	・留意点
T1	**●このお話の最後の場面について，どう思いましたか。** C：きれいな夕焼けに出会えてよかったと思いました。 C：その後，おにの子はどうしたのかなと思いました。	・批評の前に，結末に対して，自分がどのような印象をもったのか，挙げさせておく。
T2	**●「おにの子は，いつまでも夕やけを見ていました。」は誰の声で聞こえますか。それは何故ですか。** C：語り手の声です。おにの子なら「僕は」と言うだろうし，わにのおじいさんもここにいないからです。 C：「おにの子は」と言っているし，挿絵もおにの子を離れたところから見ているので，語り手だと思います。	・テクストを根拠に，語り手が語っていること，語り手の視点で描かれていることを確認する。 ・語り手による語り納めへの批評につながる。
T3	**●おにの子が夕やけを見ているタイミングで話が終わることについて，あなたはどう思いますか。** C：このままでよいです。おにの子が自分で見つけたたからものへの喜びや感動が伝わってくるからです。 C：続きがあった方がよいです。どんなたからものか，タイトルにもなっているわにのおじいさんがどう思うか，気になるからです。 C：感動しているおにの子に，足もとのたからものの言葉のところはいらないと思います。間違っていることがわからなくてもいいと思います。	・「もっと前に終わる個所がある」「もっと話を続ける方がよい」「このままでよい」の中から選び，その理由も話すように指示する。 ・ペア交流や全体場面での意見交流を行う。 ・どの考えも尊重し，理由を共有できるようにする。
T4	**●交流での友達の意見も参考にして，最終的な考えを書いてください。**	・根拠となる叙述を明確にさせる。

教材研究の目

絵本と教材文との比較

1

①再話による違い

「かさこじぞう」は、古くから語り継がれてきた民話の一つです。現在では、絵本や紙芝居、小学校低学年の教科書教材として親しまれています。様々な人によって再話されているため、表現や描写に微妙な違いがあります。

ここでは、現在教科書に掲載されている岩崎京子再話の「かさこじぞう」（以下、岩崎版）と、瀬田貞二再話の絵本「かさじぞう」（以下、瀬田版）、松谷みよ子再話の絵本「かさじぞう」（以下、松谷版）の三つの作品を例示し、比較してみます。

まずは描写の違いです。じいさまが、じぞうさまの頭に笠や手ぬぐいをかぶせ帰宅する場面では、岩崎版にはじいさまとばあさまが「もちつきのまねごと」をする描写があります。松谷版では、じいさまとばあさまが「あしたあしたはおしょうがつ…」と、歌を歌って年越しをする描写があります。瀬田版では、「すっぽりめし（おかずなしに食べるごはん）をさくさくたべてねてしまったと」と描かれ、餅つきの真似事や歌を歌う描写は見られません。これらの描写の違いは、読み手に違った印象を与えると考えます。

作品の冒頭で語られる登場人物の設定についても違いがあります。瀬田版では、「まいにちあみがさをこしらえては、まちにいって…」と、じいさまはかささを売ることを生業としていることが書かれています。松谷版でも、じいさまが笠を売って生計を立てていることは同じですが、「ふたりのあいだに六人、子どもが生まれたけれど、みなあのよへいってしまってねえ、ふたりぐらしだった」とじいさまばあさまの作中の設定がさらに語られています。松谷版のこの設定は、後に出てくる「六じぞうさま」の伏線になっていると読むこともできます。岩崎版では、じいさまとばあさまがどのように生計を立てているかについては語られていません。ばあさまが「かさこさえて、町さ売りに行ったら、もちこ買えんかのう」とじいさまに提案し、二人で土間にあったすげで笠を編んだことが語られています。冒頭で語られる登場人物の設定の違いも、その後の展開に違った印象を与えていると言えます。

②表現・挿絵の違い

表現の仕方についても、違いがあります。じぞうさまが、じいさまの家に正月の食べ物などを運んだ場面においては、そりを引く時のかけ声を、岩崎版では「じょいやさ、じょいやさ」と表現しています。瀬田版では「よういさ、よういさ、どっこいしょ」と表現しています。松谷版では、そりの音がしたことが「このよなか、そりひいてるだな。げんきなこっちゃ」と、じいさまの会話文の中からわかるように表現されています。

挿絵の数や、挿絵と対応したテクストの区切り方にも違いがあります。例えば、松谷版は挿絵が十五枚、瀬田版は九枚です。教科書教材では、挿絵は五枚程度になっています。岩崎版、瀬田版の一番最後の挿絵は、じぞうさまが持ってきたお正月の食べ物を、じいさまとばあさまが目の当たりにしている絵です。松谷版では、その挿絵の後に、じいさまとばあさまが「なかよくくらした」様子を表した挿絵が一番最後の挿絵になっています。

このような描写や表現、挿絵の違いは他の再話者による絵本にも言えます。絵本や紙芝居を教科書の教材文と併せて授業に取り入れることで、表現や描写の違いにふれ、教材文ならでは、絵本ならではの描写や表現の面白さを感じることができます。「かさこじぞう」が、異なる再話者によって語られてきた民話を基にした文学作品だからこそ、表現や描写の違いにふれる学習展開が活きてくるのだと考えます。

教材研究の目 2 オノマトペや特徴的な表現

①オノマトペ

かさこじぞうでは、擬声語や擬態語などのオノマトペが多く用いられています。声に出して読んだ時のリズムのよさや、場面の様子や登場人物の心情を効果的に表現することにつながっています。

例えば、かさが一つも売れず、じいさまがまちから帰る様子は「とんぼりとんぼり」というオノマトペで表現されています。「とぼとぼ」という言葉だけでも、もちこを買うことができずに残念に思っているじいさまの様子、ゆっくり元気なく歩く様子が伝わってきます。そこに「しょんぼり」という言葉がかけ合わさったような言葉になっているため、残念に思うじいさまの心情がさらに伝わってきます。実際の指導場面では、教師は子どもの音読を聞きながら、「とんぼりとんぼり」をどのように音読したかを問うてみます。子どもは「悲しそうに」など、直感的に答えることが予想されます。その根拠となるテクストを探しながら、場面の様子を想像したり、じいさまの心情を読んだりすることにつなげていくことができると考えます。音読と同様に、動作化を取り入れてみることもよいと考えます。

「何やらおもいものを、ずっさんずっさんと下ろしていきました」という表現では、「ずっさんずっさん」というオノマトペの表現により、じぞうさまがたくさんの餅や俵などをそりから下ろす様子が伝わります。この「ずっさんずっさん」は、「ずしずし」と「どさんどさん」という重いものを置く時の言葉がかけ合わさったようなオノマトペの表現と考えられます。実際の指導場面では、「ずしんずしん」「どさんどさん」などの表現と比べて、どちらが重たそうな印象を受けるかを比較していくこともできます。

じいさまが「ひとうすばったら」といろりのふちをたたき、ばあさまもそれに合わせてあいどりの真似をする場面があります。この「ひとうすばったら」というオノマトペによって、餅をつくじいさまとあいどりをするばあさまの息の合った雰囲気が読み手に伝わってきます。また、声に出して読んだ時のリズムのよさを感じることができ、音読からもじいさまとばあさまの息が合っている様子を感じることができると考えます。

②会話の文体

このようなオノマトペの表現の他にも、じいさまやばあさまの会話のテクストに特徴的な表現が見られます。例えば、「お正月さんがござらっしゃる」では、「さん」という敬称や「ござらっしゃる」という、敬語を使った特徴的な表現があります。この時代、それだけお正月が大切な年中行事であったことが強調されています。もちこなしの正月を迎えるじいさまのため息の意味を考えられるような表現と捉えることもできます。

また、じいさまとばあさまの会話のテクストは「ほんにのう」など、「のう」という語尾になっています。この「のう」という語尾により、声に出して読んだ時に、そのやわらかなリズムを感じるのではないかと考えます。実際の指導場面では、この「のう」をどのように読むかを考えていくことによって、じいさまとばあさまの穏やかで優しい人格を考えるきっかけとしていくこともできます。

吹雪の中、じぞうさまを目にしたじいさまは、「さぞつめたかろうのう」とじぞうさまのおつむの雪をかきおとします。この時のじいさまは、自分自身も寒さを感じているはずです。また、かさが一つも売れず残念に思う気持ちで帰宅しています。それにもかかわらず、じぞうさまのことを思いやるじいさまの優しさ、強かさがこの「のう」という語尾によって強調されていると読むことができます。

オノマトペの表現や会話文に見られる特徴的な表現は、ここまでに例示してきたように、音読や動作化をする中で取り扱っていくことが小学校低学年の発達段階に合っていると考えます。

教材研究の目 3 語り

①語りの視点

教科書教材として最も多く使われている岩崎版のかさこじぞうは、「むかしむかし、あるところに、じいさまとばあさまがありましたと」という語りから始まります。文末の「と」によって、じいさまとばあさまを第三者の視点から見ているかのような語り始めになっています。

物語の展開部は、語り始めのように第三者のような視点から語られているテクストだけでなく、じいさまの心の中を知っているかのような語り、じいさまの見ている視点から語った語りと読めるテクストがあります。例えば、まちに笠を売りに行った場面では「しかたなく、じいさまは帰ることにしました」という語りがあります。「しかたなく」というところから、もちこが買えず、ばあさまががっかりするかもしれないというじいさまの残念な心情が伝わってきます。直接的にじいさまの心情を表している表現ではありませんが、語り手は、じいさまの残念な心情を知っているかのように語っていると捉えることもできるということです。

じいさまの心の中を知っているかのような語りは他にもあります。じぞうさまが六人、笠が五つで、「どうしても足りません」という語りも同様です。「どうしても」というところから、じいさまが全てのじぞうさまに笠をかぶせてあげたいという心情を読むこともできます。

また、じいさまの目線や視点から語られていると読むことができる表現もあります。じいさまが帰宅した場面では、「ばあさまはいやな顔ひとつしないで」という、まるでじいさまの視点に立って、ばあさまの顔を見ているような語りであると読むこともできます。じぞうさまが「空ぞりを引いて帰っていくところでした」では、「帰っていく」という語りから、知覚の起点がじいさまの側にあり、じいさまの視点に立って語っていると読むこともできます。これらの語りは、松本（２０１１）の言葉を借りると、じいさまへの「寄り添い」の度合いが大きい語りであると言えます。語りの寄り添いを意識することで、読み手は自分がじいさまになったかのように作品を読み進め、必然的にじいさまの心情を追いながら読む読み方に誘われていきます。

語り納めは「よいお正月をむかえることができましたと」となっています。これも、文末の「と」により、まるで超越的な第三者がじいさまとばあさまの内実を知っているかのように語った語りになっています。これまでじいさまに寄り添ってきた語り手が、最後に第三者の視点からに語った「よいお正月」とはどのようなお正月なのかを考えることで、じいさまの心情をさらに深く読み取るきっかけになると考えます。

②再話による語り口の違い

この語りを読む読み方で、「教材研究の目1」で示したような教科書教材以外の語りを見ると、寄り添いの度合いが異なっていることがわかります。じいさまがまちにかさを売りに行く場面を例に挙げます。瀬田版では、「じいさんのかさなんか、みむきもされなかったと」という語りがあります。文末の「と」により、まるで超越的な第三者がじいさまの姿を見て語っているかのような語り口になっています。瀬田版は、全体的に第三者の語りの特徴が強く表れているかのように読めます。それに対して、松谷版では、「とおるひとも、しょうがつじたくのものかうのにいそがしくて、ふりむきもしねえ」と語られています。まるでじいさまの心の声を語っているかのような、より強くじいさまに寄り添った語り口になっています。このように、再話者によって語り方が様々です。瀬田版のように作品を外側から捉えるような読み方、松谷版のようによりじいさまに寄り添った読み方に誘われると考えます。

教材研究の目

4 心の豊かさを読む

①三つの空所

かさこじぞうには、空所がいくつかあります。ここでは主に三つを取り上げます。

一つ目は、「じいさまはなぜ安心してうちにかえったのか」というところです。野っ原の場面だけを見れば、じぞうさまにかさや手ぬぐいをかぶせて、雪を凌げるようにしたからじいさまは安心した、という読み方もできます。しかし、じいさまはまちでもちこを買うことができなかったため、「ばあさまはがっかりするじゃろうのう」と言っています。これまでの場面と結び付けて読むと、もちこを持って帰らなかったらばあさまががっかりするはずなのに、じいさまが安心して帰ったのはなぜか、ということは作品の空所と言えます。

この空所は、多様に埋められます。かさが五つで、どうしても一つ足りないという状況で、後ろ髪を引かれるような思いだったため、てぬぐいをかぶせたことが安心につながったと読むこともできます。また、せっかくつくったすげがさを、誰かの役に立つような使い方ができたことへの安心と読むこともできます。おじぞうさまに対して優しくすることは、ばあさまにとってもうれしいことかもしれないとじいさまが考えて安心した、とも読むことができます。どれもじいさまの心の豊かさを読むことにつながっています。

二つ目は、かさこが一つも売れず、そのかさこをじぞうさまにかぶせてきたのに、なぜばあさまは嫌な顔ひとつしなかったのか、ということです。じいさまはたいそうびんぼうなはずなのに、自分のてぬぐいもじぞうさまにかぶせています。もちこを買ってくると言って家を出たばあさまは、もちこのある正月を楽しみにしていたのではないかと考えられます。それなのに、嫌な顔をするどころか「それはええことをしなすった」とじいさまの行為を肯定的に受け止めています。「ばあさまもじいさまと同じで、おじぞうさま（他者）を大切にするべきだという思いだった」「じいさまへの思いやりの気持ちから嫌な顔をしなかった」など、この空所を埋めていく時にも、じいさまとばあさまの心の豊かさを読むことにつながります。

三つ目は、「つけなかみかみおゆをのんで休みました」の時の、じいさまやばあさまの心情です。これは、漬物とお湯しか口にしないで寝床に入るじいさまとばあさまの様子を表した描写ですが、その心情は語られていません。一見すると貧しくて不幸せな印象がありますが、じいさまとばあさまの幸せそうな様子が浮かんできます。それは、じいさまとばあさまの幸せは、物質的な豊かさではなく、他者を思いやる心の豊かさであると、これまでの文脈（安心して家に帰る、もちつきの真似事をするなど）から読むことができます。

②心の豊かさ

このように、これらの空所を埋めながら読んでいくことは、じいさまやばあさまの心の豊かさを読むことにつながります。この背景には、仏教的な思想が表れています。じいさまが安心して帰ったのは、六人のじぞうさま全てにかさをかぶせることで、全ての苦しみから救われるのではないかという信仰があったからではないかと考えられます。じぞうさまが六人なのも、六道（六つの苦しみの世界：地獄界・餓鬼界・畜生界・修羅界・人間界・天上界）で苦しむ衆生（命あるもの）を救うとされる六地蔵と考えられます。ばあさまが嫌な顔ひとつしなかったのは、じぞうさまを大事にしようという思想がじいさまと共有されているからと考えられます。これらの思想については、子どもとのやり取りの中で必要に応じてふれていく程度でよいと考えます。

このようにじいさまの心の豊かさを読んでいくと、語り納めの「じいさまとばあさまは、よいお正月をむかえることができましたと」の「よいお正月」がどのようなお正月なのかについて、一貫性のある読みが可能になるのではないかと考えます。

教材研究を活かした単元計画と発問・交流プラン

1

紙芝居をつくろう

「場面分け」の意味を考える

「かさこじぞう」は、場面の展開が捉えやすい作品であると言えます。そのため、小学校低学年の子どもが**場面分けの意味を考える**ために適しています。そこで、教材文をいくつかに区切って、紙芝居をつくる活動を設定します。紙芝居をつくる時には、**一枚の絵と対応したテクストを関連付けていく思考**が必要となります。

冒頭では、「むかしむかし、あるところに、じいさまとばあさまがありましたと」と、時・人・場の設定が明確に表現されています。また、①から⑤の全ての場面において場所と登場人物が違っていることがわかります。さらに、③場面の始めには「いつのまにか、日もくれかけました」と時間の経過を表す表現も明確に書かれています。時・人・場・出来事などを観点に読み、どこで絵が変わるのかをテクストと対応させながら考えることで、**場面分けの意味を考えながら読む読み方**を身に付けていくことができると考えます。

一次では、単元のめあてを設定し、かさこじぞうのお話の読み聞かせをします。二次では、**作品の一貫性を捉えられるような〈問い〉**について考えながら、場面ごとに紙芝居づくりをしていきます。三次では、紙芝居を読み合い、他の子と自分の**場面の分け方を比較しながら、場面分けの意味について考えます。**

本プランでは、必ずしも五つの場面とは限定せず、一つの場面をさらに細分化して表したいという子どもの思いを認めながら、場面を分けることについての捉えを広げ深められるように配慮していきます。

単元計画

次	時	●主な発問〈問い〉 ・学習活動	・留意点
一	1	**●かさこじぞうの紙芝居をつくりましょう。** ・紙芝居を読んだ経験とその面白さを伝え合う。 ・読み聞かせを聞き，紙芝居をつくるというめあてをもつ。	・紙芝居の特徴や好きなところを共有し，つくってみたいという思いにつなげる。
	2	**●紙芝居にする時，どこで紙を分けますか。** 交流 ・場面を分け，そのように分けた理由を話す。	・場面の分け方を出し合い，比べながら，子どもの言葉で意味付けしていく。
二	3	**●紙芝居を書きましょう。①** ・じいさまの暮らしぶりを想像する。 ・一場面の紙芝居を書く。	・音読を通して，オノマトペや特徴的な表現に着目しながらじいさまの心情や人格を考えていく。
	4	**●紙芝居を書きましょう。②** ・まちの様子とじいさまの心情を想像する。 ・二場面の紙芝居を書く。	・じいさまの心情を読み，それが紙芝居に活かされるようにする。
	5	**●紙芝居を書きましょう。③** **●じいさまが「やっと安心」したのはどうしてでしょうか。** 交流 ・三場面の紙芝居を書く。	・問いについて交流することにより，紙芝居づくりに活かされるようにする。
	6	**●紙芝居を書きましょう。④** **●ばあさまが嫌な顔ひとつしなかったのはどうしてでしょうか。** 交流 ・四場面の紙芝居を書く。	・問いについて交流することにより，紙芝居づくりに活かされるようにする。
	7	**●紙芝居を書きましょう。⑤** **●よいお正月とはどのようなお正月でしょうか。** 交流 ・五場面の紙芝居を書く。	・これまでのテクストを一貫性をもって捉え，じいさまの心の豊かさを読めるようにする。
三	8	**●書いた紙芝居を交換して読んでみましょう。** 交流 ・書いた紙芝居を読み合い，感想を述べ合う。 ・場面分けの意味を考える。	・自分の紙芝居と比較し，共通点や相違点を交流する。 ・場面が変わるということの定義を自分なりに意味付けられるようにする。

本時の展開例（第7時）

本時の目標　「よい正月」の意味を考え、じいさまとばあさまの優しさや心の豊かさを捉える

T1では、教科書の挿絵を活用しながら、「よい正月」を迎えたじいさまとばあさまの挿絵から、どんな話をしているのか、直感的に考えられるような発問をします。その後、子どもに**「どこを見て（どのテクストを見て）そう思ったの？」など問い返し**ながら、前時までに読んできた心の豊かさにかかわる部分を想起できるようにします。

T2では「じいさまやばあさまにとってのよい正月はどのような正月なのか」を問います。単に「もちこがあるからよい正月」というだけではなく、**これまでのテクストを関連付けながら、一貫性をもって捉えていく姿**を期待します。

T3では、学級全体または小グループでの交流を通して、じいさまやばあさまの**心の豊かさを多様に捉えて**いけるようにします。T4では、問いについて考えたことを活かして、五場面の紙芝居を書きます。五場面を時・人・場の観点でさらに細分化する子どもがいることも予想されますが、絵とテクストの対応を考える姿を認めながら、場面分けについて自分なりの意味をつくれるようにします。

本時の目標は、じいさまやばあさまにとっての「よい正月」の意味を考えることで、じいさまやばあさまの心の豊かさを捉えることです。これまでにじいさまに寄り添いながら読んできた子どもも、「よい正月」について考えることで、**第三者の視点でじいさまとばあさまの心の豊かさを捉えること**ができると考えます。

本時の流れ

	●主な発問〈問い〉　・学習活動	・留意点
T1	**●最後に「よいお正月」とあります。この時のじいさまとばあさまはどんな話をしていたと思いますか。** C：もちこがあって幸せだなあ。 C：いいことをしたから，気持ちいいお正月だなあ。	・挿絵を活用しながら，まずはじいさまとばあさまがどんな話をしていたかと問う。子どもの意見を，前時までの学習と関連付けながら整理していきたい。
T2	**●では，じいさまとばあさまにとって，「よいお正月」とは，どのようなお正月でしょうか。** C：もちこがある正月。本当のおもちつきができるから。 C：ばあさまとじいさまが仲良く過ごせるお正月。もちがなくても，優しく過ごせるのが一番幸せだと思うから。 C：人によいことをして過ごすお正月。温かい気持ちで過ごせるから。	・Ｔ１を基に，ノートやワークシートに記述する。
T3	**●みんなでよい正月とはどんな正月か，話し合いましょう。そう考えた理由も伝え合いましょう。交流** C：もちこだけじゃなくて，優しさがある方が，よいお正月だと思う。 C：もちこよりも，仲良く過ごせる方がよいお正月になるよ。餅つきの真似事をしていた時も，じいさまとばあさまは幸せそうだったから。	・学級の実態に応じて，グループでの交流，学級全体での交流と，形態を工夫する。 ・多様な読みを認めながらも，ただ単にもちこがあるから「よいお正月」というよりは，じいさまとばあさまの心の豊かさにふれられるような伝え合いになるようにする。
T4	**●今日の学習を活かして，五場面の紙芝居を書きましょう。** C：お正月を迎えた時のじいさまとばあさまは優しそうな顔にしよう。 C：お正月を迎えるところの絵を付け足そう。時間が変わったから。	・問いを考えたことによる「よいお正月」への捉えの広がりが，紙芝居に活かされるよう，必要に応じて個々に助言を行う。 ・子どもの思いに合わせて五場面をさらに分割して表すことも認めていく。

教材研究を活かした単元計画と発問・交流プラン

2 自分のお気に入りの「かさこじぞう」を紹介しよう

POINT **比べ読みを通して、自分の視点で作品を評価する**

教材研究の目でふれたように、「かさこじぞう」は再話者によって表現や描写が異なります。教科書に掲載されている岩崎版では、他には見られない、じいさまとばあさまがもちつきの真似事をする場面が描かれています。それにより、物による豊かさではない、人の心の豊かさがより強調されています。このような、**再話者による表現の違いを比べ読み**、自分のお気に入りの「かさこじぞう」を紹介する活動を通して、小学校低学年なりに、自分の視点から作品を評価する読み方を経験できると考えます。

一次では、再話者の違う「かさ（こ）じぞう」のお話の読み聞かせをします。二次では、**絵本と教材文との違いを読み比べ、それぞれの特徴**を考えます。三次では、自分のお気に入りの「かさこじぞう」の絵本（または教材文）を選び、好きなところを紹介します。

本プランでは、比べ読みにより、**自分の視点から作品を評価**することをねらいとします。作品の解釈だけにとどまらず、自分がその作品に対してどのような思いをもったのかを表現していくことは、**将来的に批評的に読む力につながっていくと**考えます。オノマトペ、語りなどの表現の違いから感じられる印象を交流しながら、作品の面白さを見出していく子どもの姿を期待しています。

単元計画

次	時	●主な発問〈問い〉　・学習活動	・留意点
一	1	**●お気に入りの「かさこじぞう」を紹介しましょう。** ・教材文の読み聞かせをする。 ・絵本の読み聞かせをする。 ・絵本と教材文の違いを見つける。	・めあてを設定して絵本と教材文を読み聞かせた後，初読の段階でオノマトペや挿絵，登場人物の設定の違いなど，気付いたことを出していく。
二	2	**●違いを比べながら読みましょう。**① ・じいさまとばあさまの暮らしぶりについて想像する。 ・一場面を比較し，表にまとめる。	・オノマトペのなどの表現の違いに着目し場面の様子を捉えていく。
	3	**●違いを比べながら読みましょう。**② ・まちでのじいさまの心情を想像する。 ・二場面を比較し，表にまとめる。	・オノマトペなどの表現の違いに着目し場面の様子を捉えていく。
	4	**●違いを比べながら読みましょう。**③ ・じいさまが安心した理由を考える。 ・三場面を比較し，表にまとめる。	・特徴的な表現に着目し，その違いから場面の様子を捉えていく手がかりにする。
	5	**●違いを比べながら読みましょう。**④ ・ばあさまが嫌な顔ひとつしなかった理由を考える。 ・四場面を比較し，表にまとめる。	・比較を通して，もちつきの真似事の場面が教材文にしかないことに気付けるようにする。
	6	**●違いを比べながら読みましょう。**⑤ **●よいお正月とはどのようなお正月でしょうか。**交流 ・五場面を比較し，表にまとめる。	・語り納めの違いに着目できるようにする。
三	7	**●自分のお気に入りの「かさこじぞう」を紹介しましょう。**交流 ・自分のお気に入りの絵本か教材文を選び，その理由を書く。 ・お気に入りの理由を交流する。 ・学習を振り返って感想を書く。	・自分のお気に入りの理由を書く時，比較した表などを手掛かりにするよう助言する。

本時の展開例（第7時）

本時の目標　お気に入りの「かさこじぞう」を紹介する

T1では、これまでに比較してきた「かさこじぞう」の絵本と教材文の違いを振り返ります。挿絵、オノマトペの表現、語り口、設定など、**子どもの言葉で分類された、その観点を再度確認**します。

T2では、これまでの比べ読みを通して、作品を自分なりに評価します。自分のお気に入りの絵本（または教材文）とその理由をノートに書きます。子どもは、「もちつきの真似事の場面があるから教科書が好き」など、理由を書くことで、比較した内容について記述すると考えます。

T3では、お気に入りの「かさこじぞう」を学級全体で発表します。教師は板書をしながら、**何をもってお気に入りと決めたのか、子どもに問い返しながら、**その思いを引き出していきます。

T4では、感想を書くことで作品を自分の視点で評価してきた学びを自覚していくことにつなげます。

本時の目標は、お気に入りの「かさこじぞう」を紹介することを通して、作品を自分なりの視点で評価することです。将来的には批評して読む姿を思い描いています。入門期である小学校低学年では、「お気に入り」という言葉で作品に対する自分の思いが表れるようにします。作品の解釈だけにとどまらず、**作品に対して自分の考えをもつという、「批評読みの素地」**になることを期待しています。

本時の流れ

	●主な発問〈問い〉 ・学習活動	・留意点
T1	**●絵本と教科書のかさこじぞうには，どんな違いがありましたか。** C：ずっさんずっさんなどの音。 C：挿絵。 C：物語の終わり方。	・これまでの学習を振り返り，絵本や教科書の特徴的な表現や設定の違いなどを再確認する。
T2	**●自分のお気に入りの「かさこじぞう」はどれですか。** C：教科書の「かさこじぞう」がお気に入りです。もちつきの真似事の場面があって，もちこがなくてもじいさまとばあさまが幸せそうだからです。 C：松谷版の絵本の「かさじぞう」です。挿絵が多くて，最後にお正月を迎えたところの場面の絵もあるからです。	・理由を書く時，これまでに比較した学習を想起できるようにする。
T3	**●自分のお気に入りの「かさこじぞう」を紹介し合いましょう。交流** C：教科書の「かさこじぞう」です。「じょいやさ　じょいやさ」というところが好きだからです。 T：どうしてそこが好きになったのですか。 C：重たいものを載せて一生懸命そりを引いている様子が，他の絵本よりも伝わってくるからです。	・教師はお気に入りの理由を板書しながら，問い返しを行う。何に魅力を感じてお気に入りと決めたのか，その思いを引き出していく。
T4	**●学習を振り返って，感想を書きましょう。** C：私は絵本がいいと思っていたけど，友達の考えを聞いていたら，教科書もいいなと思いました。もちつきの真似事は教科書にしかないからです。 C：絵本によって音の表し方が少し違うのがとても面白かったです。ぼくは，「じょいやさ」が一番好きです。	・自分なりの視点で作品を評価した感想や，友達のお気に入りの理由を聞いて共感したことなどをノートに書く。

教材研究の目

語りの特徴

教材文：『ひろがることば 小学国語二上』教育出版（令和二年度版）より引用

1

①昔語りの特徴

「きつねのおきゃくさま」の語りは、昔語りの形式をとっています。「むかしむかし、あったとさ。」で語り出し、途中、「とさ。」がリズムよく繰り返され、「とっぴんぱらりのぷう。」でお話を閉じます。冒頭の「はらぺこきつねが歩いていると、…（中略）…やせているので考えた。」は七五調のリズムを刻んでおり、軽快なリズムに乗って読み進められるようになっています。「とっぴんぱらりのぷう」は、秋田県に伝わる民話や昔話の締めの言葉で「めでたしめでたし」というような意味があります。あまんきみこ自身、きつねが死んでしまう結末がほんとうによいのかどうか悩んだ時、最後にこの「とっぴんぱらりのぷう」をつけることで、納得してお話を世の中に出せたと言います。昔話の語り口で軽やかに終わることにより、「この話はむかしむかしのフィクションですよ」ということが伝わります。「きつねの死」という悲劇があったにもかかわらず、悲劇的な結末を迎える物語という印象を与えないのが昔語りの特徴と言えるのではないでしょうか。

②語りをどう読むか

「むかしむかし、あったとさ。」という昔話の語り出しは、物語世界には登場しない第三者の語り手による、時間も場所も特定しないフィクションの世界に読み手を誘う語りです。次の「はらぺこきつねがあるいていると、やせたひよこがやってきた。」もまた、第三者の語り手がこの物語世界を俯瞰的に見下ろして起きている状況を説明している、と受け取ることができますが、一方で、この語り手は、きつねが「はらぺこ」であるということ、およそきつね本人しか知り得ないだろうことを知っています。しかも、ひよこが「やってきた。」という表現は、ひよこがこちらに向かって来たというひよこの動作の方向を定点から見ているとも受け取ることができることから、きつねの視点でこの世界を見ているという印象があります。そう考えると、この語り手は、かなりきつねに近いところで、きつねに寄り添いながら語っているとも言えるでしょう。さらに次の文では、「思ったが」「考えた。」「太らせてからたべようと。」ときつねの心中を語ります。すでに、語り手は第三者ではなく、きつねそのものであるとも受け取ることもできなくはありません。もちろん、そう読まなければならないわけではありません。ここに示したのは、語りに導かれた解釈の一例です。実際には、読み手は、自然と無自覚に語りの言葉を受け取りながら読み進め、自分の読みを形成していきます。語りをどう解釈するかは読み手に委ねられていると言えるでしょう。

では、「そうとも。よくある、よくあることさ。」はどうでしょう。第三者の語り手が、「さ。」というリズムよい語り口で、読み手に対して「そんなこと、よくあるでしょ。」と語りかけているとも読めるし、きつねが語り手となって「たいしたことじゃないよね?」と自分を正当化しようとしているとも読めます。この文の事例のように、第三者の語り手に寄り添った読みを展開する読み手と、きつねに寄り添った読みを展開する読み手とでは、作品を読み進めるうちに、作品全体の解釈に違いが生じる可能性があります。

一場面から三場面で、太らせてから食べようとやさしいふりを演じるきつねが、無垢の信頼を寄せられてうっかりその目的を見失いそうになってぼうっとするシーンの後に、「まるまる太ってきたぜ。」と本来の目的を思い出させる語りがあります。これをきつねの語りと捉える読者は、ぼうっとなったきつねが、自分自身を本来の目的に立ち返らせると読んでいる可能性があり、「超越的な語り手による語り」と捉える読者は、きつねまたは読者に、語り手が本来の目的を思い出させているというように読んでいる可能性があります。二年生であっても、まるまる太ってきたことをなぜ語り手が伝えるのか考えることができるのではないでしょうか。

教材研究の目

誰のセリフか

2

①セリフの声を考える

「きつねのおきゃくさま」では、誰のセリフか、読みが分かれる部分があります。

「こりゃ、うまそうなにおいだねえ。…（中略）…うさぎだな。」
「いや、まだいるぞ。きつねがいるぞ。」
言うなり、きつねはとび出した。

この「いや、まだいるぞ。きつねがいるぞ。」を多くの子どもが初読段階でおおかみのセリフとして読むことが報告されています。しかし、このセリフがおおかみのセリフであったとしたならば、きつねはおおかみの指摘を受けてとび出したことになり、「ゆう気」は半減してしまいます。食べるつもりがいつの間にかおきゃくさまに翻弄されてすっかり守る側に変貌し、守るために勇気がりんりんと湧いたきつね像がかすんでしまうのです。おおかみに見つかってしまってとび出したきつねが、動物たちを守るために命をかけて戦うという矛盾も生じます。このセリフを多くの子どもがおおかみのセリフとして読む原因を、松本・佐藤（２０１６）は、子どもの実際の発話を分析して次のように示しています。

①「おおかみ」という存在に既有知識としての「おおかみ物語スキーマ」が働いた

②「〜なり〜する。」という接続助詞「なり」に対する理解の問題
③きつねが自分自身を「きつね」と呼ぶ呼称に対する理解の問題

あまんきみこ自身も、このセリフをおおかみのセリフと読む子どもがいることを知り、「言うなり、きつねはとび出した」という一文を後で加えた、という経緯があるのですが、それを加えても状況は変わりません。かといって、「と、きつねは言ってとび出した。」などとしてはせっかくのリズミカルな語りが崩れてしまいます。絵本のテクストでは、頁の分かれ目と絵の効果で、自然ときつねのセリフと読むように誘われるのですが、教科書版特有の状況とも言えるかもしれません。授業ではおおかみのセリフとして読むことを回避するために、授業者が「きつねが自分から「いや、まだいるぞ。きつねがいるぞ。」と言ってとび出したのはなぜでしょう」と発問することも例示されていますが、それでは教師の手の中で読むことになり、本当の意味での読む力は身に付きません。子ども自身が、つまずいたり戸惑ったり仲間の考えを聞いたりしながら、どう読んだら作品を面白く読めるのかに気付き、自分自身の解釈を生み出すことを大事にしたいと考えます。

②読みを子どもに委ねる

ではそのためには、どうしたらよいのでしょうか。詳しくは次項で述べますが、きつねの揺れ動く心情、はじめは演技だった「やさしいおにいちゃん」がその本質から「神様みたいなおにいちゃん」へと変貌していく様への理解を進めることで、動物たちを守ることしか考えられなかったきつね像に気付いていく姿を引き出すしかないと考えます。教室に誤読が現れる時、教師は一刻も早くそれを修正したいと考えます。しかし、読みを子どもに委ね、作品の中の言葉に丁寧に向き合う子どもの姿を引き出し、仲間と読みを交流する活動を積極的に取り入れることで、子ども自らが誤読を乗り越えられるように仕組んでいきたいものです。

教材研究の目

3 アイロニーを読む

①ダブルバインドとアイロニー

はじめ、「はらぺこきつね」は、「やせたひよこ」と出会った時に「がぶりとやろうと思っ」て、捕食者としての本能を見せます。しかし、「やせたひよこ」を肥育してから食べることを思い立ち、一時的にその本能をひた隠しにします。すると、ひよこから「お兄ちゃん」と呼ばれ、「やさしい」と言われ、「ぼうっと」なってしまいます。それでも、「ひよこは、まるまる太ってきたぜ。」と肥育の成果を実感しながら、隠していたはずの本能を一時的に呼び起こし、捕食者としての立場を守ろうと努力します。まさにダブルバインド状況です。アイロニーとは「表面的な立ち居振る舞いによって自分の本質を隠すこと」を意味します。あひるとうさぎと出会いながら同じことを繰り返し、表面的に守るという素振りをしているうちに、自分がした素振りに徐々に巻き込まれるきつねは、自らの行いで自ら翻弄されていきます。アイロニーの構造が働いています。

二年生の学習者にもこのダブルバインド状況とアイロニーの構造を理解させていくことで、前項の「誰のセリフか」に対応できると考えます。松本・佐藤（２０１６）も、「きつねの抱えていたダブルバインドの状況とアイロニーの構造に気付かせていく」（116頁）ことの重要性を指摘しています。

②心の揺れ動き

さて、この作品の本質とも言える、ダブルバインドの状況とアイロニーの構造は、「そのばん。きつねは、はずかしそうにわらってしんだ。」という一文に、全てが凝縮されています。「はずかしそう」に「わらう」時のきつねの心情を考えさせることによって、きつねがすっかりそちら側の者になってしまうこと、きつねが置かれた翻弄されている状況を読ませることができると考えます。鷺只雄（2001）は、この部分について、「一　道化者を演じてしまった自分への自嘲」「二　「おきゃくさま」たちへ見せたやさしさ」「三　罪の意識」の三つの解釈を示しています。

二年生の子どもたちでも、子どもたちなりの表現で、「守るはずじゃなかったのになにやってるんだろう」「守れなかったからはずかしいな」「死んじゃうけどごめんね」「食べようとしてごめんね」のような読みが出てきます。

それを考えるにあたって、きつねが翻弄されていくことになった三人からの言葉を押さえておくことが必要です。その言葉について整理してみます。

きつねは「お兄ちゃん」「やさしい」「親切」「かみさまみたい」という言葉に反応して、少しずつ庇護する態度やもてなしの対応のレベルを上げていきます。面白いのは、三人の言葉を初めて「かげで」で聞いた時の反応です。「きつねお兄ちゃん」「とっても親切」という言葉を聞いたきつねは、「親切なきつね」と自分で五回つぶやきます。そして、ひよことあひるの帰りを「いそいでうちにかえると、まって」いるのです。家を出る時は「はあん。にげる気かな。」と疑っていたのに、「親切」という言葉を「かげで」聞いただけで、ひよこが帰ってくることばかりか、あひるを連れて帰ってくることまで信じる心に変化しています。また、同じく家を出る時は「にげる気かな」と疑っているにもかかわらず、「かげで」ひよことあひるが「きつねお兄ちゃんは、かみさまみたい」と聞くと、直後はうっとりして気ぜつしそうになります。そして「かみさまみたいにそだて」て最上級のもてなしをしていきます。このような、作品の中のきつねの心情の揺れ動きを表す言葉を丁寧に読んでいく必要があります。

教材研究の目

題名・揺れ動く心情を読む

4

①題名の意味

「きつねのおきゃくさま」の面白さは題名から始まっているといってもよいでしょう。府川（１９９６）は「きつねのおきゃくさま」という題名について言及する中で、「お客様というのは、定住者の日常生活に直接かかわってくる存在ではない。客はそこへ招かれてやって来て、大事にもてなされ、いつの日かそこを去っていく。」（237頁）と述べています。登場するひよこ、あひる、うさぎは、きつねに「やさしくたべさせ」てもらい、「かみさまみたいにそだて」てもらっているだけで、きつねに対しての直接的な返礼はありません。「お兄ちゃん」「やさしい」「親切」「かみさまみたい」という言葉をきつねが聞いて勝手に「ぼうっと」なって「うっとり」して「気ぜつ」しそうになるだけで、きつねに聞かせる言葉に「きつねをよい気分にしてやろう」などという意図はありません。まさに一方的なものです。そういう意味では、三匹はいつまでも「おきゃくさま」であり続けたのかもしれません。「きつねのおきゃくさま」という題名を聞いた時、好意的な印象を抱く子どもは多くはないでしょう。どちらかというときつねのイメージは意地悪、悪戯好き、ずる賢いなどではないでしょうか。さらに「きつねのおきゃくさま」と聞いた時に、その対象としてか弱い小動物たちが「おきゃくさま」として登場することに意外性を感じるかもしれません。低学年の子どもはギャップや想定外の展開があるストーリーに惹かれます。題名から想定していたきつねのマイナスイメージが出てこず、意外な動物たちが次々と現れてもてはやされている様子に、一種の安心感を覚えて話を読み進めるのではないでしょうか。動物たちが、食べるつもりで大事にされるおきゃくさまから、守るべき対象としてのおきゃくさまに変容する物語とも言えるかもしれません。そして、おおかみもまた、招かれざる客と言えるかもしれません。

②心情を捉える活動

「きつねのおきゃくさま」では、きつねの心情の変化が一方向ではないことも面白さの一つです。おきゃくさまの言葉に「ぼうっと」なって「うっとり」して「気ぜつ」しそうになりながらも、「まるまる太ってきたぜ。」と本来の目的に引き戻され続けるのです。本来の目的に引き戻されたきつねは、「――はあん。にげる気かな。」と捕食者としての自我を表出するものの、かげで聞いた「とっても親切なの。」「かみさまみたい。」という言葉にうっとりして、「親切なきつね」という言葉を五回も繰り返したり気絶しそうになったりするのです。食べるはずだった小さな動物たちに図らずも翻弄され、ついには命をかけて守ってしまうきつね像を子どもたちはどう受け止めるのでしょう。はずかしそうにわらうきつねの心情をどう読むか、その子なりの読みを表現させたいと考えます。

とは言え、二年生の子どもたちが、こういったきつねの心情の揺れ動きを詳細に読むことには難しさがあります。そのために、いくつかの手立てが考えられます。例えば、きつねの心情を視覚的に表す心情表現図があります。食べたい気持ち、守りたい気持ちの上下する心情メーターでその度合いを視覚的に表現し、そう表現する理由を本文の言葉とつなげながら解説し合う交流活動が考えられます。互いの考えの違いが視覚的にもわかるので、考えを比較したり相対したりすることが可能になるでしょう。また、きつねになりきって「きつね日記」を書くという方法も有効です。場面ごとに、その晩のきつねの思いをきつねの語りで日記として表現させる活動です。きつねに同化することで揺れ動くきつねの思いを自らの言葉として表現することができるでしょう。

教材研究を活かした単元計画と発問・交流プラン

心情メーターを使って読もう

POINT 心情変化を視覚的に表現し交流する

二年生の子どもたちにとって、食べるはずだった小さな動物たちに図らずも翻弄され、ついには命をかけて守ってしまうきつね像を読むことには難しさがあります。襲ってきたおおかみを前に、きつねがとび出したのは、おおかみに「きつねがいるぞ。」と言われたからだと読んだり、きつねは動物たちを自分で食べるために守ったと読んだりしてしまう子どももいます。きつねを信じ切っている動物たちの無垢の言葉が、きつねの心根を変えていくという状況を読み取らなければなりません。

本単元では、**きつねの心情を視覚的に表す心情表現図を用いて、動物たちの言葉によって微妙に変化するきつねの心情を読む**ことを提案します。きつねの心情が伝わる言葉を選び、食べたい気持ち、守りたい気持ちの上下する心情メーターでその度合いを視覚的に表現し、そう表現する理由を本文の言葉とつなげながら交流します。心情表現図の特徴として、互いの考えの違いが視覚的にもわかるので、考えの違いがわかりやすいということがあります。同じ「ぼうっとなった」という表現でも、場面によって少しずつ心情が変わっていると読むこともできます。また、「そうとも、かみさまみたいにそだてた。」時にはかなり気持ちが変わりかけている、と読むこともできます。

できるだけ、子どもたちが仲間とかかわりながら自分の力で読みをつくりだしていきたいものです。

単元計画

次	時	●主な発問〈問い〉　・学習活動	・留意点
一	1	**●「きつねのおきゃくさま」を読んでミニマル・ストーリーを書きましょう。** ・きつねが変わるお話であることを確認し，その変化を読むという目標をもつ。	・登場人物，出来事の流れをおおまかに確認する。 ・○○○話，と短い言葉でお話を表現して，学級全体で交流する。
	2	**●どんな心情メーターがあったらいいと思いますか。**	・「食べたいメーター」と「守りたいメーター」の捉えを共有する（それぞれ数値０～５で示す）。
二	3 4	**●一場面から三場面を読んで，きつねの心情がわかるところで食べたいメーター，守りたいメーターを書いて交流しましょう。交流** ・心情メーターをグループで見せ合い，友達とずれているところはどこか話し合う。	・メーターの変化が視覚的に比較しやすいように，整理していく。 ・例で示した言葉については，メーターをその数字にした理由も書く。
	5	**●各場面ごとに下記の言葉の心情メーターは同じでしょうか。話し合いましょう。交流** 例：「ぼうっとなった」「まるまる太ってきぜ」「――はあん，にげる気かな。」「うっとりした。」「うっとりして気ぜつしそうになった。」	・例で示した言葉については，各場面を比較して，きつねの心情の変化を話し合う。 ・他にも「「しんせつなきつね」という言葉を五回もつぶやいたとさ」「そこできつねは～そうとも，かみさまみたいにそだてた」にも着目する。
	6	・四場面の心情メーターを書き，交流する。交流	・守りたいメーターが最高になるのはどこか，それはなぜかを話し合う。
三	7	**●勇ましかったきつねが，死ぬ時に「はずかしそうにわらった」のはなぜでしょう。**	・「はずかしそうにわらう」時のきつねの心情を考える。多様な考えを引き出したい。
	8	・最後にもう一度ミニマル・ストーリーを書いて，最初のミニマル・ストーリーと比較する。	・自分の読みの変化を自覚する。

本時の展開例（第6時）

本時の目標　きつねの心情変化を読み取り、きつねに同化する語りの文を見つける

T1では、これまでの学習で視覚化してきた心情表現図を並べて比較します。はじめは優勢だった「食べたいメーター」が徐々に減少していき、「守りたいメーター」が最高になったことを確認します。**きつねの心情の変化を把握する**時間とします。

T2では、おおかみから動物たちを守るために、おおかみの前にとび出したのはなぜかを問います。きつねが動物たちを守りたい気持ちになったのはなぜなのか、これまで心情メーターを使って読んできたことを基に考えさせます。また、きつねが自分からとび出したのではなく、おおかみに「いや、まだいるぞ。きつねがいるぞ。」と言われてとび出したと読んでいる子どももいることが考えられます。仲間と話し合うことで**言われてとび出す場合と、自分からとび出す場合では、守りたいメーターがどう違うのか**考えさせたいところです。

T3は、きつねのアイロニーを読む問いです。きつね像をどう読んでいるかがわかる問いであり、作品の本質にかかわると言ってよいでしょう。**自嘲、やさしさ、お詫びなど、多様な考え**が出てくることが考えられます。

T4では、ここまで心情を読んできたきつねを自分はどう思うのか、読み取ってきたことを基に表現させて、本時のまとめとします。

本時の流れ

	●主な発問〈問い〉 ・学習活動	・留意点
T1	・これまでの読みを振り返る。 C：きつねの食べたい気持ちが上がったり下がったりして，とび出した時には守りたい気持ちがマックスになったよ。	・心情メーターを見直しながら，ここまでに考えてことを活かしながら音読をする。
T2	**●「いやまだいるぞ，きつねがいるぞ。」と言ってとび出したのはなぜでしょう。** C：動物たちを守りたかったんだと思います。たくさんほめられたから。 C：動物たちがおおかみにつかまりそうになったから，自分からとび出したんだと思います。	・守りたい気持ちになった理由を問い返す。 ・きつねが「自分から」とび出したかどうかをその場面を演じさせながら考えさせる。
T3	**●勇ましかったきつねが，死ぬ時に「はずかしそうにわらった」時の気持ちを書いて交流しましょう。** 交流 C：せっかくおおかみをおいはらったのに死んじゃうなんて恥ずかしいな。 C：はじめは食べようとしていたのに，最後はひよこたちを守っちゃうなんて何やっているのだろう。おれっておかしいな。 C：食べようとしてごめんね。元気で幸せになってね。	・ここでは心情メーターは書かない。 ・多様な考えがあってよい。 ・グループで交流した後，学級全体で交流する。授業者は出た意見を板書に整理する。
T4	**●「ゆうかんな」きつねにお手紙を書きましょう。**	・T３で考えたことを基に，きつねに伝えたいことを書いて今日の学習のまとめとする。

教材研究を活かした単元計画と発問・交流プラン

2 語り手と登場人物の思いが伝わる音読劇をしよう

POINT

語り手と登場人物の思いを伝える

「きつねのおきゃくさま」は、語り手が登場人物のきつねに寄り添って、**きつねの心の中を全て見透かしているように語る語り**（描出表現）がところどころにあることが特徴です。「そうとも、よくある、よくあること さ。」「まるまる太ってきたぜ。」「じつに、じつに、いさましかったぜ。」などがその表現です。もちろん、その文を必ずきつねの心に寄り添う語りとして読まなければならないわけではありません。第三者の語りとして読むことも可能であり、解釈が分かれるところです。つまり、こういったことを問いにすることで、語り手（ナレーター）もその人の**解釈によって読み方を工夫して表現**することができます。

登場人物の心情が伝わる言葉に線を引いたり、その時の心情を吹き出しで書き込んだりして、自分の読みがたくさん表現された脚本シートをつくります。また、それを基に互いの考えを交流しながら学習を進めていきます。二年生の子どもたちは、グループやペアでの交流では、なかなか互いの考えの違いに気付くことができません。ですから、学級全体の交流で、授業者がそれぞれの考えを全体の場に出して、**互いの考えを説明し合うような交流**も必要でしょう。

読み取った語り手の思いやきつねの心の揺れを、音読で表現しながら楽しく読み進めたいものです。

単元計画

次	時	●主な発問〈問い〉　・学習活動	・留意点
一	1	・音読劇を聞く。 ・「きつねのおきゃくさま」を読んで語り手と登場人物の気持ちが伝わる音読劇をしたいという願いをもつ。	・語り（地の文）にも気持ちがこもっていることを感想からひろう。
二	2	**●誰のセリフか考えましょう。** **●「いやまだいるぞ，きつねがいるぞ。」は誰のセリフでしょう。**	・考えがずれたところについてみんなで話し合う。 ・決着がつかない場合は，単元の最後にもう一度話し合う。
	3	**●二カ所の「ぼうっとなった」時，きつねはどんな気持ちだったのでしょう。交流**	・脚本型のシートを用意して，気持ちがわかるところに線引いたり，気持ちを吹き出しを書き込んだりする。 ・各時の終わりに，考えたことを活かしグループで音読練習をする。
	4	**●「うっとりした」「ぼうっとなった」時，きつねはどんな気持ちだったのでしょう。交流**	
	5	**●「うっとりして気ぜつしそうになった」時，「ぼうっとなった」時，きつねはどんな気持ちだったのでしょう。交流**	
	6	**●おおかみが出てくる場面で一番きつねの気持ちが変わったのはどこでしょう。**	
	7	**●「○○は（も）まるまる太ってきたぜ。」は誰の声で聞こえますか。読み方は同じでいいでしょうか。交流** ・他の語りについても考える。	・語り手の語りだが，きつねの気持ちと読むこともできる。多様な考えを認める。 ・考えを音読に活かす。
	8	**●なぜ，きつねはしぬ時，「はずかしそうにわらった」のでしょう。交流**	・これまで読んできたことを活かして考える。
	9	**●登場人物の気持ちになって音読劇をしましょう。（録音して聞き合う）**	・音読劇を録音してみんなで聞き合い感想を交流する。

本時の展開例（第7時）

本時の目標　「〇〇は（も）、まるまる太ってきたぜ。」の語りの音読の仕方を考える

T1では、これまで脚本シートに書き込んできたきつねの心情を振り返って、**食べたい気持ちがどのように揺れ動いてきたのか**を確認します。また、前時、きつねの「守りたい気持ち」が最高に高まった箇所がどこかを話し合っているので、各グループでその場面を音読して振り返りましょう。

T2は、本単元ではじめての「語りの問い」です。「まるまる太ってきたぜ。」はきつね自身の語りと読む子どもが多いです。また、語り手がきつねの心の中をのぞいて語っているという考えも出てくるでしょう。語り手がきつねに太ってきたことを教えて、食べるようにそそのかしている、という考えもあります。また、読者にきつねの本来の目的を思い出させる、という読みもありそうです。**「語りの問い」によって、他の文もどうだろうと考え始める**子どももいるでしょう。**多様な考えがあってよい**ことを伝えていきましょう。

T3では、やさしいお兄ちゃん↓親切なお兄ちゃん↓かみさまみたいなお兄ちゃん、と徐々にエスカレートしていく動物たちに翻弄されるきつねに対して、語り手が語るのか、きつね自身が語るのか、それによって音読の仕方が変わってきます。どのように変化するのか、それをどのように表現するのかを話し合うことで、この作品の本質にかかわる交流となるでしょう。

T4では、ここまで話し合ってたことを活かして、音読練習をします。

本時の流れ

	●主な発問〈問い〉　・学習活動	・留意点
T1	**●読み取ってきたきつねの心情の揺れ動きを脚本シートで確認しましょう。** C：きつねは，おおかみとたたかった時，守りたい気持ちが最高になったんだよ。	・脚本シートを見直しながら，ここまでに考えたことを活かしながら音読をする。
T2	**●三カ所の出てくる語りの文，「○○は（も）まるまる太ってきたぜ。」は誰の声で聞こえますか。** 交流 C：きつねの声だと思う。だって。「ぜ」っていうのがきつねらしいから。 C：きつねが，まるまる太ってきたな，うしっしって思ってると思う。 C：語り手が，きつねに太ってきたよって教えていると思います。	・語り手がきつねの心の中を語っている，語り手がきつねになりきって語っている，語り手自身が語っているなど，様々な読みがあってよい。他の語りにも着目しながら読み進めたい。
T3	**●三カ所の「まるまる太ってきたぜ。」は同じ音読の仕方でいいですか？　音読の仕方を工夫しましょう。** 交流 C：やさしい→親切→かみさまって，言われる言葉がだんたんパワーアップしているから，「まるまる太ってきたぜ」もだんだん大きな声で言わないときつねが気か付かないと思う。 C：きつねの心の中は，だんだん食べる気持ちが減っていると思うから，だんだん小さい声になるんじゃないかな。	・語り手の言葉なのか，きつねの心の中なのか，その受け止めによって変化の仕方が変わってくる。そのことが理解できるように，グループで交流した後，学級全体で出てきた考えを授業者が整理する。
T4	**●考えたことを活かして，グループで音読練習をしましょう。**	・グループでどの立場で音読するのかを話し合って，音読練習をする。

教材研究の目

作品の構造（挿し絵の比較で捉える）1

①挿絵の比較

「お手紙」は、アーノルド＝ローベルの絵本作品の一つで、挿絵も作者自身が描いており、教科書教材でも原作のものがそのまま用いられています。本項では、この挿絵を比較することで本作品の構造を理解することについて述べていきます。

「お手紙」では、はじめとおわりにある手紙を待っている場面（一場面と四場面）の挿絵は一見よく似ています。場所は同じ玄関の前ですが、比較してみるとがまくんとかえるくんの細部にはいくつかの違いがあることがわかります。この違いについて、子どもは次のような点を指摘します。

【はじめの挿絵】

・二人とも口元が下がり、悲しそうな表情
・二人とも両手を膝の上で組んでいる（祈るような形）
・がまくんは足を重ね、指はだらっと下に向いている

【おわりの挿絵】

・二人とも楽しそうな表情（かえるくんは口を少し開け、微笑んでいるよう）
・お互いに肩を組んでいる
・がまくんの足の指もかえるくんの足もピンと上に伸びている

こうした変化は低学年の子どもにとっても捉えやすいものです。本文の叙述「かなしい気分で」「とてもしあわせな気もちで」を読み取るだけでも二人の気持ちが「かなしい」から「しあわせ」に変化したことはわかります。しかし、二つの挿絵を比較し、叙述と関係づけて読むことで気持ちの変化がどのように表れているのかを視覚的に捉えることも低学年の子どもには有効です。単元の導入段階で、この二人の変化を捉えることで、「その間に何があったのだろう」と作品の全体構造を大雑把に捉えることになります。挿絵の活用について、遠藤（２０２０）は、挿絵の二人の表情の違いに着目した授業とそうでない授業とでは、子どもの二人に対するうれしさ、幸せ観の理解が違っていたとし、文章を読み、絵を読むこと、またその逆でも納得度が上がり、読者である学習者が二人になりきり、幸せのお裾分けに預かる、つまり、同化できるのではないだろうかと述べています。もちろん、この変化はかえるくんの手紙によってもたらされたものですが（その手紙を届けたかたつむりくんにも重要な役割があったと考えますが、それは別項で述べます）、そう捉えることで、悲しい気持ちでいた二人が、手紙によって幸せな気持ちになったというおおまかな物語の構造を理解することができます。

②手紙を待つ時間の意味

では、変化したのは二人の気持ちだけだったのでしょうか。がまくんとかえるくんそれぞれの悲しさ、幸せは別のことに起因しますが、二人に共通して変化したものがあります。それは「お手紙を待つ時間」の変化です。この変化については挿絵を比較する中で子どもから出てくる可能性もあります。なぜなら、比較している挿絵がお手紙を待っている場面だからです。物語のはじめとおわりの「手紙を待つ時間」は、がまくん、かえるくんどちらにとっても「悲しい時間」から「幸せな時間」に変化しました。つまり、本作品は、待つ時間の変容の物語と捉えることもできるのです。

教材研究の目 空所① 2

松本（2009）は、本作品について「大きな疑問が残る」として、①「なぜがまくんに手紙の内容を教えてしまったか」、②「手紙の内容を知った二人が、なぜ幸せな気持ちで手紙を待っているのか」（14頁）と指摘しています。これは「お手紙」における空所を示したものと言えるでしょう。この項と次の項において、この二つの空所について考察していきます。

空所①「なぜ、がまくんに手紙の内容を教えてしまったのか」

いくら待っても手紙が来ないがまくんは、手紙が来ることをあきらめ、ベッドでお昼寝をしてしまいます。そんながまくんにかえるくんは「もうちょっとまってみたらいいと思うな」と説得しますが、がまくんはなかなか聞き入れてはくれません。ですから、この空所については、一応「がまくんを説得するため」と解釈することができます。しかし、このまま直接的に子どもたちに問いを投げかけても多様な考えが生まれず、学習が深まりません。そこで、次のように問うことを提案します。

―「かえるくんは、お手紙に書いたことをがまくんに教えました。あなたはどう思いますか」―

自分の考えを問う非常にシンプルな問いですが、このように問うことにより、手紙の内容を教えてしまった理由を考えるのではなく、かえるくんの行動について批評的に考えることができます。ただ単に「よかった」「よくなかった」ではなく、自分がなぜそう考えたのか、物語全体を振り返りながら根拠を探すことで物語の理解を深めることにつながります。また、この問いは、かえるくんの立場、がまくんの立場、物語の結末（「待つ」時間の変容）を考えての立場など、様々な立場から考えを広げていくことができ、子どもがお互いの考えについて交流する必要性を促します。次のような反応が期待できます。

【かえるくんの立場】

- いくら説得してもがまくんが聞いてくれないので手紙の内容を教えるしかなかったから仕方がない。
- がまくんが一緒に手紙を待ってくれるようになったからよかった。

【がまくんの立場】

- 「とてもいいお手紙だ」と言っているので、手紙の内容を教えてもらってよかった。
- 手紙をもらった時のうれしさが減るから教えてもらわない方がよかった。

【物語の結末を考えて】

- 結果的に手紙を待っている幸せな時間ができたのでよかった。
- 教えてもらったから四日間も幸せに待つことができたのでよかった。

ただ、低学年の実態を考えると、自分がどの立場から考えているのかを自覚することは難しいと思います。ですから、教師があらかじめどのような立場で考えるとよいかを示したり子どもたちからの発言を意図的に分類して板書をしたりすることが望ましいでしょう。

教材研究の目 3 空所②

空所②「手紙の内容を知った二人が、なぜ幸せな気持ちで手紙を待っているのか」

この空所を埋めるためには、二人の幸せな気持ちと作品中における「手紙」の機能と意義という媒体について考える必要があります。

本作品が、「お手紙を待つ時間の変容の物語」であり、二人が幸せな気持ちで手紙を待っていたことは、「教材研究の目1」で述べた通りです。この手紙を待つ幸せな時間は、四日間にも及びました。これまで、一度ももらったことのない手紙を待つ悲しい時間を過ごしてきたがまくんにとって、自分宛の手紙が届くまでの時間はとても幸せな時間だったはずです。ですが、ただ、手紙を待っているだけで四日間も待ち続けることができるでしょうか。

ここでは「四日間」という時間に着目し、四日間も幸せな気持ちで待ち続ける二人の気持ちを考えていくことが重要です。また、手紙を待つという経験が少ないであろう学習者にとっては、この時間が長いのか、短いのかについてもしっかりと考えさせたうえで問いたい場面です。大塚（２０２０）は、この四日間は、自分に手紙が届くことへの期待があるだけでなく、「親友」であるかえるくんの自分に対する優しさと心配りをより一層強く実感することができた四日間だったと指摘します。つまり、手紙を待ち続けた四日間で、自分の元に手紙が届くということに対する幸せな気持ちと、かえるくんが「親友」であることを実感したことに対する幸せな気持ちががまくんにあったと考えることができます。

また、松本（２００９）は、がまくんの幸せについて、すでに二人は「親友」として結ばれていることをかえるくんの手紙の言葉によって示されており、がまくんがかえるくんの手紙を待つことは、かえるくんと一緒であることによってより幸せなものとなると述べ、二人で待つことの必要性を指摘しています。これは、当初、スケッチ段階ではかたつむりくんが手渡す手紙をがまくん一人で受け取る挿絵が描かれていたものが、完成稿ではがまくんが手紙を受け取る様子を見守っているかえるくんが付け加えられた挿絵に変更されたことと併せて考えると、かえるくんが最後までがまくんと一緒にいたことの重要性を示唆しているとも考えられるでしょう。

それから、手紙の内容をすでに知っているにもかかわらず手紙を待っていたということもポイントになります。一般的に、手紙というのは相手に気持ちを伝えるための手段の一つであり、時間的、距離的に差異があり、口頭で言葉を伝えられない場合に使うものですが、本作品では、手紙を書いた相手に口頭で手紙の内容を伝えてしまっています。そのため、がまくんが内容を知っているにもかかわらず手紙という媒体で手元に届くことを望んだ理由や、「お手紙」の果たした機能についても考えなければなりません。松本（２００９）は、かえるくんが内容を明かしたとしても、実際に「手紙」が配達されなければ、その幸せを確かめることはできないと指摘します。さらに、高橋（２０２２）は、手紙としての機能を果たすための要素の一つとして、記録としての残存性とともに時間を超えて後まで残ることによる反復可能性を挙げています。つまり内容を知っている手紙を待つという行動は、実際に幸せを確かめるとともに、口頭で伝えられた言葉とは異なり、いつまでも形として残り続ける手紙を手に入れたいというがまくんの気持ちを表しているのです。初めてもらった自分宛の手紙。しかも「親友」であるかえるくんが書いてくれた手紙ですので、このようながまくんの行動や気持ちは学習者にも理解できるものであると考えます。

教材研究の目

かたつむりくんの存在

4

①かたつむりくんの人物像

本作品の登場人物について、大塚（２０１９）は、かえるくん、がまくんに加え、かたつむりくんの存在を忘れることはできないとし、非常に個性的で存在感のある登場人物であることを指摘しています。また、その人物像についても、「責任感の強い」「大事な手紙を託するに相応しい」人物であり、「かえるくんの頼み事を快諾してくれる人柄」としています。子どもたちも、次の部分から同様の人物像を想像すると考えられます。

知りあいのかたつむりくんに会いました。／…（中略）…／「まかせてくれよ。」／かたつむりくんが言いました。／「すぐやるぜ。」

そして、その人物像やセリフに対して、手紙を届けるのに四日もかかってしまうという結末を導くかたつむりくんの矛盾に面白さを感じることでしょう。

②かたつむりくんであることの意味

かたつむりくんが登場するのは、「おおいそぎ」で家に帰り、手紙を書いた後、「とび出」すほど先を急いでいたかえるくんに手紙を託される場面です。急いでいたかえるくんは、自分で書いた手紙を直接がまくんに渡さず、なぜかたつむりくんに託したのでしょう。この問題について、跡上（２００１）は、第三者によってお手紙ががまくんの郵便受けに入れられ、それをがまくんが手に入れるという、社会の仕組みとしてお手紙をがまくんへの贈り物としたと主張しています。つまり、かえるくんが自分で届けるのではなく、第三者に届けてもらう必要があり、その重要な役割を任せられたのがかたつむりくんということになるのです。

第三者によって手紙をがまくんに届けてもらおうとしたかえるくんの意図はわかりますが、「お手紙」が収載されている『ふたりはともだち』には「お手紙」の他に四作品があり、他の生き物たちも登場しています。手紙を届ける第三者は、かたつむりくんでなければならなかったのでしょうか。物語の結末をわかっている子どもたちにとってもこのような問いは当然立ち上がります。ぜひとも子どもたちに考えさせたい問いです。次のように問うことを提案します。

「手紙を届ける役はかたつむりくんでよかったでしょうか」

低学年の子どもにとっては、何を根拠にして良し悪しを判断すればよいのか難しいかもしれません。ですから、単元の終盤、物語の内容理解が十分に深まってから示すことが望ましいでしょう。注目させたいポイントは「時間の長さ」と「待つ時間」の意味です。かたつむりくんに頼んだことで手紙が届くまで四日経っており、「もっと足の速い生き物の方がよい」という反応をする子どももいます。手紙を欲しがっているがまくんのことを思うと、手紙が早く届いた方がよいのです。だから、「待つ時間」は短い方がよいと考えるのは当然です。しかし、足の遅いかたつむりくんに手紙を託したからこそ、二人は四日間という幸せな「待つ時間」を過ごすことができたことになります。「親友」として結ばれ、その証とも言える手紙を共に「待つ時間」こそがこの物語にとって重要なものであり、その「待つ時間」の意味を捉えさせることが大切です。そのために、手紙を届ける第三者としての「かたつむりくん」という登場人物を読む必要があります。

教材研究の目 5 語り

①語りを読む

本作品はがまくんとかえるくんの対話を中心として物語が展開していきます。会話文には、直接的に気持ちが描かれていることが多いため、登場人物の気持ちを想像する際に着目しやすいポイントであると言えます。ですが、本項では地の文＝語りに着目した教材分析を進めていきます。

物語は「〜しました。」「〜でした。」と、したこと、あったことを過去形で語るのが基本です。「お手紙」の語り手も「〜しました。」「〜でした。」と淡々と「したこと」を語り、ほとんどの文末が過去形で統一されています。「お手紙」の授業において、音読劇を言語活動と設定する実践は多くありますが、会話文を中心に進んでいく話の展開とこのシンプルな語りが低学年にとって物語内容を捉えやすく、役割を決めて音読したり、動作化したりすることに向いているためでしょう。このようにシンプルな語りではありますが、登場人物の気持ちを読み取ることができる箇所があります。

一つ目は、かえるくんががまくんに手紙を書く場面です。

・かえるくんは大いそぎで家へ帰りました。えんぴつと…（中略）…ふうとうにこう書きました。
・かえるくんは、家からとび出しました。知りあいのかたつむりくんに会いました。

「大いそぎで」「とび出しました」という表現からかえるくんの急いでいる様子がわかりやすい箇所です。しかし、語り方に注目すると、主語が省略されテンポよく「したこと」が語られていることに気が付きます。このたたみかけるような語り方からも、かえるくんの急いでいる気持ちを読み取ることができます。

②現在形の意味

二つ目は、かえるくんががまくんにもうちょっと手紙を待つよう説得している場面です。次の三箇所は過去形ではなく、現在形で語られています。

・かえるくんは、まどからゆうびんうけを見ました。かたつむりくんは、まだやって来ません。
・かえるくんは、まどからのぞきました。かたつむりくんは、まだやって来ません。
・かえるくんは、まどからのぞきました。かたつむりくんは、まだやって来ません。

この三箇所は、語り手がかえるくんと視点・知覚を共有して、かえるくんに寄り添って語っているのです。つまり、かえるくんの「かたつむりくん、まだ来ないのかな」という気持ちをこの部分からから読み取ることができます。さらに、西郷（1985）は、「見ました」から「のぞきました」へという微妙な行動の変化や同じような表現が繰り返し使われていることから、かえるくんの手紙を待つじれったい気持ちの高まりとかえるくんからがまくんへの思いやりを感じられると指摘します。しかし、結果的にかたつむりくんが到着するのは「四日たっ」た後のことです。すると一つ疑問が立ち上がります。自分より足の遅いかたつむりくんに手紙を託し、急いでがまくんのもとへ戻ったかえるくんですが、この時かたつむりくんがすぐに到着すると想定していたのでしょうか。そうだったとしたら「四日た」ってしまったのは想定外の出来事とも考えることができます。想定外に生まれた幸せな待つ時間だったのかもしれません。

教材研究の目 6 シリーズで読む

学校図書『みんなと学ぶ　小学校こくご　二年下』の教師用指導書解説編に、「国語のカギ」の解説として次のような内容が書かれています。

お話の外がわ

「お手紙」は、『ふたりはともだち』という本に入っているお話である。…（中略）…教科書の「お手紙」だけでなく、前後のお話やそのほかのお話などの「お話の外がわ」にも、親しませ、二人の気持ちをさらに共感的に読ませていくことのきっかけとしたい。（320頁）

文学の授業において、単元の導入時にシリーズ本を扱ったり、単元で扱う作品と並行して同じ作者の作品を読み進める並行読書などの活動が行われたりすることがあります。これらは学習活動への意欲付けであったり、複数の作品にふれることで、作品のメッセージや作者のものの見方・考え方を捉えられるようにしたりするなど、様々な目的により取り入れられている活動です。

本作品も、がまくんとかえるくんシリーズと言われるように、『ふたりはともだち』『ふたりはいっしょ』『ふたりはいつも』『ふたりはきょうも』のシリーズ四冊が発行されています。本項では、「お手紙」と同じく『ふたりはともだち』に収められている「なくしたボタン」「すいえい」と本作品とのかかわりを考察します。

①「なくしたボタン」

二人で遠くに出かけた途中、がまくんがボタンを失くしてしまいます。二人でボタン探しを手伝いますが見つかったボタンはどれもがまくんのものではありません。だんだんとイライラしてきたがまくんは、ついに癇癪を起して家に帰ってしまいます。家に着くと、床に失くしたはずのボタンが落ちています。自分のために文句も言わず手伝ってくれたかえるくんに対し、「めんどうをかけてしまった」と申し訳ない気持ちでいっぱいです。がまくんはお詫びのしるしとして、自分の上着に拾ってきたボタンを縫い付け、かえるくんにプレゼントします。このボタンの付いた上着は、「お手紙」でかえるくんが着ている上着と同じものとなっています。

②「すいえい」

がまくんとかえるくんは川で水泳をします。がまくんは水着を着ますが、「とてもおかしなかっこうに見える」とし、かえるくんに見ないようにお願いをします。そこへ、かめやとかげ、ねずみたちが集まってきてしまいます。なかなか川から上がろうとしないがまくんでしたが、寒さに耐えきれずついに川から上がると、みんなは大笑い。かえるくんまで笑ってしまうのです。かえるくんに笑われて傷ついたがまくんは、そのまま家に帰ってしまいます。

『ふたりはともだち』の五話目として「お手紙」が所収されています。先述したように、かえるくんはがまくんにもらった上着を着てがまくんを訪ねます。『ふたりはともだち』における三度目の訪問です。この訪問について、「すいえい」で悪くなってしまった関係を修復しようと、がまくんからもらった上着を着て訪問したとする解釈もあります。

1

教材研究を活かした単元計画と発問・交流プラン

登場人物になりきって音読発表会をしよう

本単元では、言語活動として音読発表会を設定し、登場人物の気持ちを表現できるように工夫して音読をすることを目指します。そのためには、「登場人物の気持ちを理解すること」と「気持ちを表現するための音読の工夫」が求められます。

一次では、音読発表会のために登場人物の気持ちを理解することを押さえ、初読の感想や**空所**を基に〈問い〉（学習課題）を設定します。

POINT

〈問い〉で登場人物の気持ちを想像する

二次では、一次で設定した**〈問い〉を基に登場人物の気持ちを想像させます。**「登場人物の気持ちを考えよう」ではなく、具体的な〈問い〉について検討することで登場人物の気持ちを理解することの深まりをねらいます。その際、学習者の考えが勝手な想像になってしまわないように、叙述を根拠として気持ちを想像させることが必要です。また、本教材の特徴から、**挿絵の比較から登場人物の気持ちの変化を捉える**ことも有効です。三次の学習につなげるために、想像した気持ちをどのように表現するかを意識させ、ノートやワークシートに記録させておくとよいでしょう。

三次では、音読劇を行います。練習の様子をタブレット端末などで録画することで、子どもたちが自分の音読の工夫を確かめることができます。

単元計画

次	時	●主な発問〈問い〉　・学習活動	・留意点
一	1	**●「お手紙」を読んで，感じたことや考えたことを書きましょう。** ・初読の感想を交流し合う。	・会話文が多いため，がまくん，かえるくんどちらのセリフか確認する。
	2	**●学習計画を立てましょう。** ・音読劇をすることを知り，学習の計画を子どもたちと相談しながら設定する。	・学習者の感想を活かしつつ，空所を基に〈問い〉（学習課題を）を設定する。
二	3	**●場面はいくつありますか？** ・場面を五つに分け，作品の概要を把握する。	・時間や場所の変化や登場人物の行動に注目させる。
	4	**●かえるくんまで悲しいのはなぜですか。（一場面）交流**	・がまくんとかえるくんの悲しい気持ちの理由を考える。
	5	**●かえるくんはなぜおおいそぎで家に帰ったのでしょう。（二場面）交流**	・かえるくんの行動を確認する。
	6	**●なぜかえるくんは，何度も窓の外を見たのでしょう。（三場面）交流**	・それぞれのセリフや行動から二人の気持ちを考える。
	7	**●かえるくんは，お手紙に書いたことをがまくんに教えました。あなたはどう思いますか。（四場面）交流**	・考える立場を示したり，考えがどの立場から述べられているか分類したりする。
	8	**●なぜ二人は手紙の内容を知っているのに四日間も幸せな気持ちで待ち続けたのでしょう。（五場面）交流**	・叙述だけでなく，一場面と四場面の挿絵を比較しながらどんな気持ちなのか，その根拠を明確にする。
三	9 10 11	**●どんな工夫をしたいですか。** ・音読の工夫を考える。 **●音読の工夫が伝わるように練習しましょう。**	・読み取ったことを音読で活かせるよう台本をつくり，工夫を書き込ませる。 ・練習を録画し，見直しながら練習する。
	12	**●音読発表会をしましょう。** ・音読会発表会を行い，単元の学習を振り返る。	・自分の音読と比較しながら発表を聞かせる。 ・単元のまとめを行う。

本時の展開例（第7時）

本時の目標　かえるくんが手紙の内容を教えたことについて、根拠を明らかにして自分の考えをもつ

本時では、かえるくんの行動について自分はどう思うか、根拠を示しながら考えていきます。

T1では、学習者の経験から手紙をもらうことのうれしさや楽しみについて思いを引き出します。本来手紙とは、届いてその中身を見るまでは内容を知ることができません。誰が、どんなことを書いているのかがわからないところにうれしさや楽しみがあると言ってもよいでしょう。ですから、かえるくんの行動は納得のいくものではありません。**現実と物語の出来事のずれを〈問い〉にして**いきます。

T2では、かえるくんの行動を「どう思うか」を問います。**かえるくんの行動を批評的**に考えることができる〈問い〉ですが、ただ単に「よかった」「よくなかった」ではなく、**考えの根拠を示すことが重要**です。教科書や全文がまとめられたプリントなどを用意し、根拠となる箇所に線を引かせるなどの配慮があるとよいでしょう。学習者が考える際には、がまくん、かえるくんなど、どの立場で考えるのかで多様な考えが生まれます。教師がどの立場で考えればよいのかという視点をあらかじめ示すことで低学年の学習者は課題に取り組みやすくなります。また、**T3**の全体交流でも教師が意図的に分類し、板書などで示すことが必要です。

T4では、交流によって多様な考えにふれた後、改めて自分の考えをまとめます。交流を通して、かえるくんの行動にはどんな意味があったのかを強く意識することで、手紙の内容を知りながら「待つ時間」が二人にとってどのようなものであったかを考える次時の課題へとつながっていくことを期待します。

本時の流れ

	●主な発問〈問い〉　・学習活動	・留意点
T1	**●お手紙をもらってうれしいことや手紙をもらう楽しみってどんなことですか。** C：どんなことが書かれてあるのかが楽しみ。 C：誰が書いてくれたのかが楽しみ。	・自分が手紙をもらってうれしいことや手紙をもらう楽しみについて学習者の経験を引き出す。
T2	**●かえるくんは，お手紙に書いたことをがまくんに教えました。あなたはどう思いますか。考えの根拠に線を引きましょう。** C：知らない方がよかった。 C：がまくんを説得するには教えるしかなかった。	・自分はどう思うかという学習者自身の考えを聞く。 ・がまくんの立場，かえるくんの立場，結末からなど，考える視点を与えることで考えやすくなる。
T3	**●考えたこととその根拠を仲間と交流しましょう。** C：かえるくんは，がまくんが「悲しい気持ち」でいることが耐えられなかったからが教えたのは仕方がなかったと思う。 C：がまくんは教えてもらったから「幸せな気持ち」で待つことができたからよかったと思う。 C：知らない方が手紙をもらった時のうれしさは大きいから知らない方がよかったと思う。	・根拠を示して考えを述べるようにする。 ・交流の中で新たに見つけた根拠や友達の根拠で納得のいく部分には色を変えて線を引かせる。 ・グループなどの少人数で交流後，全体でも共有する。その際には，考えた立場を意図的に分類し，提示する。
T4	**●みんなの考えを聞いて，最後に自分の考えをノートに書きましょう。**	・交流後，最終的に学習者がどう思ったかを書くようにする。考えが変わった時などは，その理由も書けるとよい。

教材研究を活かした単元計画と発問・交流プラン

2 シリーズ本の好きな場面を紹介しよう

POINT
挿絵の比較を話し合いの契機にする

「お手紙」はアーノルド＝ローベルの絵本作品の一つです。教科書に用いられている挿絵も作者自身が描いたもので、原作のものが使われています。そこで、この単元では**挿絵を比較することで本作品の構造を理解するとともに、登場人物の心情の変化を読み取っていきます。**

一次では、物語を一文で表す活動を行います。「（中心人物）が（出来事）によって、（変容する）話」と短く表すことで、学習者が誰を中心人物と考え、お話の展開、結末をどう捉えているのかを明らかにします。

二次では、一場面と四場面の挿絵の比較を行います。「教材研究の目」でも前述したように、**挿絵の変化を指摘することは低学年の学習者でも取り組みやすく、がまくんとかえるくんの気持ちの変化を捉えやすくする**と考えます。また、その変化が何によってもたらされたのかを考えることで、**「かたつむりくんの作品上での意図」**や**「手紙の内容を知っているにもかかわらず四日間待った」**ことの意味を話し合うきっかけとしていきます。

三次では、シリーズ本のお話から好きな場面を紹介するという言語活動を設定しました。紹介の仕方は教師の方で項目を設定します。本プランでは、**「物語を一文で表す」「好きな場面」「好きな理由」**としました。これは、二次で行った「お手紙」の好きな場面紹介の方法をそのまま用いています。

単元計画

次	時	●主な発問〈問い〉　・学習活動	・留意点
一	1	**●「お手紙」はどんなお話でしたか。** ・作品を読んで感想を発表する。 ・登場人物の確認や場面分けを行う。	・時間や場所の変化や登場人物の行動に注目させる。 ・挿絵を並べ変えたり，表にしたりしてもよい。
	2	**●物語を一文で表しましょう。** ・中心人物が誰かを考え，物語を一文で表す。	・「（中心人物）が（出来事）によって，（変容する）話」と書き方を示す。
二	3	**●一場面と四場面の挿絵を比べましょう。どんな違いがありますか。** **●何が変わりましたか。** **●なぜ変わったのですか。** ・物語のはじめと終わりを比べて，二人の気持ちの変容を読み取る。	・挿絵の比較からがまくん，かえるくん二人の気持ちの変化を捉える。
	4	**●二人の悲しさや幸せは同じですか。** 交流	・かえるくんの悲しさと幸せについて考えさせる。
	5	**●手紙を届ける役はかたつむりくんでよかったでしょうか。** 交流	・かたつむりくんの作品上の意図を考える。
	6	**●なぜ二人は手紙の内容を知っているのに四日間も幸せな気持ちで待ち続けたのでしょう。** 交流	・がまくんにとっての手紙の意味やかえるくんの幸せな気持ちについて考えさせる。
	7	**●もう一度，物語を一文で表しましょう。** **●「お手紙」の好きな場面を友達に紹介しましょう。** 交流	・物語を一文で表し，好きな場面とその理由をまとめて友達に紹介する。 ・ワークシートを用意する。
三	8 9 10	**●「がまくんとかえるくんシリーズ」の話で好きな場面を紹介しましょう。** 交流 ・シリーズ本を読み，好きな場面を選んで紹介する。 ・単元の振り返りをする。	・前時につくったものを参考に自分が好きな場面とその理由を紹介する。 ・どんなお話か一文で表す。

本時の展開例（第5時）

本時の目標 かたつむりくんの作品上の意図を読む

本時では、三時間目に行った挿絵の比較を基にして〈問い〉について考えます。

T1では、挿絵を示し、手紙が届くのに「四日」かかったことを押さえます。そのうえで、この「四日間」が長いか短いか学習者の考えを問います。手紙を待つという経験がないことも考えられますが、**学習者自身の感覚としてどう思うか**発表できるとよいでしょう。

T2では、**「四日」かかった原因がかたつむりくんにある**ことを押さえ、学習者から立ち上がる〈問い〉として**T3**の、**「手紙を届ける役はかたつむりくんでよかったでしょうか」**という問いにつなげていきます。低学年の学習者にとっては何を根拠にして良し悪しを判断すればよいのか難しいかもしれませんが、かたつむりくんによってもたらされたこの**「待つ時間」ががまくん、かえるくんの二人にとってどんな時間だったのか**考えることが重要です。そのためには、手紙を待っている四場面の挿絵がヒントになってきます。また、「他の動物だったら」と考える学習者もいると考えられますが、例を挙げ出したらきりがありません。教師が具体的な比較対象を挙げ、**「待つ時間」の長さ**がどうなるかということに注目させることが必要になります。

T4では、改めて自分の考えをまとめます。交流を通して、かたつむりくんが登場する意図を自覚させ、「待つ時間」が二人にとって幸せな時間であったことを押さえることで、次時の〈問い〉の解決へとつながっていくことを期待します。

本時の流れ

	●主な発問〈問い〉 ・学習活動	・留意点
T1	**●手紙が届くのに四日間かかりました。これは長いですか。短いですか。** C：長かった。 C：そんなに待っていられない。 C：もっと早く届いてほしかったと思う。	・四場面の挿絵を掲示する。 ・手紙を待つという経験がない学習者もいるが，「四日間」をどう思うか考えさせる。
T2	**●なぜ四日間もかかってしまったのでしょう。** C：かえるくんがかたつむりくんに頼んだから。 C：かたつむりは歩くのが遅かったから。	・四日かかったのは，かたつむりくんに手紙を届けてくれるように頼んだからであることを押さえる。 ・かたつむりがどんな生き物か考える。
T3	**●手紙を届ける役はかたつむりくんでよかったでしょうか。考えたこととその根拠を友達と交流しましょう。** C：もっと足の速い動物に頼んだ方が手紙は早く届いていたと思う。 C：かえるくんが自分で届ければよかったと思う。 C：かたつむりくんだったから幸せな時間が長くなったと思う。	・根拠を示して考えを述べるようにする。 ・「待つ時間」が二人にとってどのようなものだったかを考えさせる。 ・グループなどの少人数で交流後，全体でも共有する。
T4	**●みんなの考えを聞いて，最後に自分の考えをノートに書きましょう。**	・交流後，最終的に学習者がどう思ったかを書くようにする。考えが変わった時などは，その理由も書けるとよい。

参考文献

小学１・２年物語教材を読み解く教材研究の目

・下田好行（２０１９）「「主体的・対話的で深い学び」における深さの捉え方―人間の認識活動に焦点をあてて―」『東洋大学文学部紀要　教育学科編』第44巻、東洋大学、9―17頁
・田村学（２０１８）『深い学び』東洋館出版社
・桃原千英子（２０１０）「入れ子構造を持つ文学作品の読解」『Groupe Bricolage 紀要』№28、Groupe Bricolage、18―42頁
・奈須正裕（２０１７）『「資質・能力」と学びのメカニズム』東洋館出版社
・松本修・西田太郎（２０１８）「読みの交流に深さをもたらすメタ認知の促進」『月刊国語教育研究』№５５３、日本国語教育学会、4―9頁
・山元隆春（２００５）『文学基礎論の構築―読者反応を核としたリテラシー実践に向けて』溪水社
・ヴィゴツキー著／土井捷三・神谷栄司監訳（２０１２）『「人格発達」の理論―子どもの具体心理学』三学出版
・ヴォルフガング・イーザー（１９８２、原著１９７６）／轡田収訳『行為としての読書―美的作用の理論』岩波書店

くじらぐも

・阿毛久芳（２００１）「くじらぐも―〈ごっご遊び〉へ」田中実・須貝千里編『文学の力×教材の力　小学校編1年』教育出版（※①）、88―１０１頁
・大月ちとせ（２０１９）「すべては「聞く」「話す」から」『教育科学国語教育』№８３０、明治図書出版、28―31頁
・佐々木智子・德永加代（２０１９）「子どもが言葉や挿絵から想像を膨らませることを楽しむ授業―1年生「くじらぐも」を用いて―」『帝塚山大学教育学部紀要』第1号、帝塚山大学教育学部、98―１０７頁
・中川李枝子（２０１５）「作者の言葉　くじらぐも」『小学校国語　学習指導書1下　ともだち』光村図書、39―40頁
・広山隆行（２０２１）「くじらぐも」岩崎直哉編著・国語〝夢〟塾協力『板書&イラストでよくわかる　３６５日の全授業　小学校国語　1年下』明治図書出版、22―37頁
・松本修（２０１５）「第4章　読みの交流を成立させる学習課題の条件」松本修編著『読みの交流と言語活動　国語科学習デザインと実践』玉川大学出版部、41―90頁

おとうとねずみチロ

・佐藤多佳子（２０２０）「語りに着目した教材分析」松本修・桃原千英子編著『中学校・高等学校国語科　その問いは、文学の授業をデザインする』明治図書出版（※②）、１３９―１４１頁
・西田太郎（２０２０）「空所に着目した教材分析」（※同前②）、１４７―１４９頁
・森山京作／門田律子絵（１９９６）『おとうとねずみチロのはなし』講談社
・森山京作／門田律子絵（１９９７）『おとうとねずみチロはげんき』講談社
・森山京作／門田律子絵（１９９７）『おとうとねずみチロとあそぼ』講談社

たぬきの糸車

・秋枝美保（２００１）「『たぬきの糸車』における女性の意識の統合について」（※同前①）、１２４―１３７頁
・亀井久美子（２０１６）「教材「たぬきの糸車」（光村一年下）と出典―『伊豆の民話』の異界から―」『國文學論叢』第61輯、龍谷大學國文學會、３２２―３３８頁
・岸なみ編（２０１５）『日本の民話4　伊豆の民話』未来社
・齊藤正一（１９９４）「物語教材の時間―小学一年生教科書（光村図書・平成三年検定）の場合―」『信大国語教育』第4号、信州大学国語教育学会、67―79頁
・全国国語教育実践研究会編（１９８１）『文学重要教材の授業展開小学１・２年』明治図書出版
・竹内隆（２００１）「民話の世界との交流―『たぬきの糸車』と子供たち」（※同前①）、１３８―１４９頁
・濱千代いづみ（２０１７）「岸なみの活動に基づく教材「たぬきの糸車」の読みの可能性」『岐阜聖徳学園大学紀要教育学部編』第56集、岐阜聖徳学園大学、１―14頁

ずうっと、ずっと、大すきだよ

・久山太市（２０２０）「ゴールデンレトリバーのマリ」『小学校国語　学習指導書1下　ともだち』光村図書
・住田勝（２０１５）「読書能力の発達」山元隆春編『読書教育を学ぶ人のために』世界思想社、１８３―２１４頁